KB059519

그럼에도,
당신과
잘 지내고
싶어요

그럼에도, 당신과 잘 지내고 싶어요

더 나은 관계를 꿈꾸는
사람들을 위한
특급 심리 코칭

윤서진 지음

문예출판사

인간관계도
공부가 필요합니다

코칭 전문가인 제 메일함에는 인간관계에 대한 상담을 요청하는 메일이 날마다 가득합니다. 성별도, 나이도, 사연도 제각기 다르지만 메일을 보낸 분들의 끝인사는 거의 같지요. '제발 도와주세요', '너무 간절합니다', '꼭 답변 부탁드립니다'. 회신을 보내는 것이 때로는 숙제처럼 느껴지기도 합니다. 하지만 사람들과 잘 지내고 싶은데 어떻게 해야 할지 몰라 막막해하는 분들의 답답함을 모른 척하기가 힘들어 저는 가급적 모든 사연에 제가 할 수 있는 최선을 다해 답장을 보냅니다. 사연을 읽다 보면, 지난날의 내가 했었던 고민을 만나는 반가움도 있고, 누군가에게 상처를 주었거나 받았던 기억들이 떠올라 속상함에 마음이 무거워지기도 합니다. 또 이렇게 많은 사람들이 인간관계 문제로 헤매는데 왜 학교에서는 아니, 그 어디에서도 인간관계의 기술에 대해서 제대로 가르쳐주지 않는지 안타깝기도 합니다.

돌이켜보면 우리는 다른 사람들과 '사이좋게 지내라'는 말을 집과 학교에서 수없이 들으며 성장했지만, 정작 '어떻게' 사이좋게 지내야 하는지에 대해서는 구체적으로 배운 바가 없습니다. 상황이 이러하니 인간관계라는 난제 앞에서 우리가 막막함을 느끼는 것은 어찌 보면 당연한 일 같습니다. 연인, 친구, 가족, 직장 동료 등 나와 얽힌 인간관계를 잘 풀어나가기 위해서는 영어 문법, 수학 공식, 과학 법칙을 배우는 것처럼 인간의 마음과 관계의 역동에 대한 이해가 필요합니다. 사람에 대한 통찰과 지혜가 부족하면 관계를 맺고, 유지하고, 때로는 정리하는 모든 과정을 원만히 해내기가 어렵습니다. 인간관계도 공부가 필요한 이유입니다.

어릴 적에는 비록 인간관계에 문제가 생겨도 경험이 쌓이고 나이를 먹으면 그만큼 능수능란하게 관계를 다룰 줄 아는 사람이 되리라는 기대가 있기 마련입니다. 따라서 그런 시행착오도 괜찮다며 스스로를 위안할 수 있었습니다. 하지만 어른이 되고 보니 그런 기대와는 다른 현실이 펼쳐집니다. 새로운 관계는 고사하고 굳건하다 믿었던 관계들까지도 휘청거릴 때, 우리는 정신을 차리지 못합니다. 소위 '멘붕(멘탈 붕괴)'에 빠져버리는 것이지요. 인간관계에서 한 번 상처를 받고 나면 나를 둘러싼 모든 관계가 불안하게 보여 '앞으로는 사람들과 어떻게 지내야 하는 거지?' 하고 겁부터 납니다. 저는 심리학을 전공하고 인간관계와 심리에 대한 코칭을 업으로 삼고 있습니다. 덕분에 타인의 마음을 비교적 잘 헤아리는 편이지만 저 역시 사적인 인간관계에서는 여전히 많은 고민을 하며 고군분투합니다. 인간관계에는 모범 답안이나 공식처럼 정해진 규칙이 없기 때문입니다.

그럼에도 이 분야에서 오래 일해온 사람으로서 한 가지 분명한 희망이 있음을 말씀드리고 싶습니다. 인간관계를 잘 맺어나가는 일이 쉽지 않은 것은 사실이지만, 우리 모두에게는 관계 맺음을 잘해내고 싶다는 욕구가 있습니다. 그런 건강한 욕구를 바탕으로 지난 시행착오를 되돌아보고 더 나은 관계 맺음에 대해 공부한다면, 인간관계 안에서 덜 상처받고, 적게 실수하면서 주변 사람들과 어울릴 수 있는 방법은 분명히 있습니다.

***

이 책은 실전에서 바로 적용할 수 있는 인간관계 실용서입니다. 인간에 대한 이해를 밑바탕에 두고 있다는 점에서는 동일하지만, 코칭이 심리 상담과 다른 점은 과거의 문제를 해결하는 데 목적이 있기보다 목표하는 바를 위해 '지금, 여기'에서할 수 있는 방법을 모색하는 데 집중한다는 점입니다. 책을 집필하면서 가장 염두에 두었던 점은 누구나 공감할 법한, 사람때문에 힘든 상황을 생생하게 다루는 것과 지금 바로 실천 가능한 명쾌하고 실질적인 해결책을 제시하는 것이었습니다. 그런 고민 끝에, 책 속의 모든 챕터는 '사례 제시-셀프 체크-실질적인 관계 코칭'의 3단 구성을 취하게 되었습니다.

● 사례

각 챕터의 시작 부분에서는 일상에서 흔히 겪는 인간관계에서의 문제적 상황을 독자 분들이 실감나게 공감할 수 있도록대화체 형식으로 사례를 제시했습니다. 이 책에 실린 사례들은 모두 실화로 제가 지난 몇 년간 코치로서 만난 고객들이 토로한 문제, 유튜브 '코칭룸'과 팟캐스트 '관계대명사' 구독자분들이 보내주신 사연 등을 비롯해 저와 제 주변의 지인들이겪었던 인간관계의 난제들 중 독자 분들과 꼭 공유하고 싶은 주제를 선별하여 재구성했습니다. 사례를 재구성할 때는 가급적 일상적인 대화의 느낌을 살리고자 했습니다. 사례 부분을 읽는 것만으로도 '나만 이런 고민을 하는 것이 아니었구나', '다른 사람들도 인간관계에서 어려움을 겪는구나' 하고 공감과 위로를 받으셨으면 좋겠습니다.

● 셀프 체크

'저 사람, 왜 그러지?'라는 질문으로 시작된 인간관계 고민의 끝이 '내가 문제인가?'로 귀결되는 경험, 많이 해보셨지요? 인간관계를 비롯해서 삶에 크고 작은 문제들이 생기면, 우리는 '왜 나만 이토록 힘들고 항상 서투를까?', '나는 왜 늘 비슷한 문제를 겪는 걸까?' 하면서 자기 자신에게서 답을 찾으려 합니다.

사실 인간관계를 원만히 잘 맺기 위한 첫 단추는 나 자신을 잘 아는 것입니다. 다른 사람을 변화시키는 것은 정말 힘든 일이지만, 내가 나를 변화시키는 것은 마음만 먹으면 할 수 있는 일이니까요. 현재의 나를 제대로 이해한 후, 지금보다 나은 인간관계를 만들기 위해 노력하는 과정을 통과하고 나면, 그전까지는 결코 이해하기 힘들었던 타인을 수용하는 여유도 생깁니다.

각 사례의 바로 뒤에는 '셀프 체크' 코너를 마련하여, 다양한 인간관계 속에서 드러나는 현재 내 모습을 점검하고 확인할 수 있도록 했습니다. 셀프 체크를 통해 객관적으로 나를 바라볼 수 있는 시간을 가져보시길 바랍니다.

● 관계 코칭 원 포인트 레슨

'관계 코칭 원 포인트 레슨'에서는 하나 마나 한 두루뭉술한 조언이 아니라 상황별 인간관계의 문제를 극복할 수 있는 세심한 팁과 노하우를 제시하고자 했습니다. 문제 상황을 받아들이는 마음가짐에서부터 더 나은 관계를 만들어가기 위한 행동에 이르기까지, 안정적인 인간관계를 위해 구체적으로 무엇을 하고, 하지 말아야 하는지를 다양한 예시를 들어 쉽고 친절하게 코칭하고자 했습니다. 심리학을 전공한 이력을 바탕으로 그간의 심리학 연구들로 밝혀진, 인간관계의 숨겨진 비밀들을 슬기롭게 적용했으므로 이 코너에서 제시하는 내용들을 통해 독자 분들께서 인간관계에서의 시행착오를 한층 더 줄이실 수 있으리라 생각합니다. 또한 '관계 코칭 원 포인트 레슨'에서는 각자의 상황을 살펴보며 더 나은 답을 찾아갈 수 있도록 한 번쯤 생각해봄직한 질문 리스트를 더했습니다. 이를 활용하여 더 깊게 나를 이해하는 셀프 코칭도 꼭 해보셨으면 합니다.

***

인간관계 때문에 힘들어하는 분들에게 남긴 제 경험이나 팁, 노하우들에 '큰 도움이 되었어요', '당장 시도해볼게요', '잘 할 수 있을 것 같아요'라는 댓글들이 달리는 것을 보며 첫 책을 쓸 용기를 낼 수 있었습니다. 저에게 진솔한 고민을 함께 나눠주신 모든 분들께 고맙습니다.

팟캐스트 '관계대명사'의 기복, 보통이와 함께한 지난 5년간의 유쾌한 수다는 인간관계에 대한 고민을 나누는 과정을 지치지 않고 지속할 수 있었던 원동력이었습니다. 서로에 대한 존중과 믿음으로 함께하는 방법을 알려준 멤버들에게 뜨거운 감사를 전합니다.

제 인생의 변곡점마다 지혜와 경험을 아낌없이 나눠주시는 코칭경영원의 고현숙 대표 코치님과 다른 여러 코치님들이 계셨기에 제가 지금의 모습으로 성장할 수 있었습니다.

매 순간 냉정과 열정 사이에서 균형을 찾게 도와주는 내 편 라이언에게도 벅찬 고마움과 존경을 보냅니다.

끝으로 제게 '사람에 대한 애정을 잃지 않는 삶'을 선물해주신 할머니, 아빠, 엄마, 석이에게 무한한 사랑을 전합니다.

2022년 새봄을 맞이하며, 윤서진

차례

PART 4 관계의 언어

관계는 결국 '말'이다

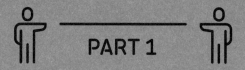

PART 1

관계의 거리

적당한 간격이 관계의 사고를 막아준다

친해지고 싶은 마음에 가까이 다가갈수록 상대방은
멀어질 때, 혹은 거리를 두려는 나를 향해 더 달려드
는 상대를 볼 때, 인간관계에 대한 커다란 좌절감이
밀려듭니다. 그뿐일까요? 항상 그 자리에 있을 것만
같았던 사람들의 떠남은 깊은 쓸쓸함을 남깁니다.
도대체 인간관계에서 적당한 거리는 어느 정도쯤일
까요? 이번 장에서는 관계에서 상처를 주고받지 않
을 수 있는 '안전거리 사수' 방법에 대해 이야기해보
겠습니다.

직장에서도

친구를

만들 수 있을까요?

우진 씨는 한 달 전 입사한 우리 팀 신입 사원이다. 외근 후 회사로 복귀하는 택시 안에서 나는 그와 자연스레 근황 토크를 나누게 되었다.

"우진 씨, 인생 첫 직장생활에 점점 익숙해지고 있나요?"

"선배님들이 잘 챙겨주셔서 생각보다 빠르게 적응 중인데 아직 멀었어요."

"동료들과는 어때요?"

"네! 다들 친절해서서 불편한 것은 없어요. 팀장님, 그런데 뭐 하나만 여쭤봐도 될까요?"

우진 씨는 매우 조심스럽게 내게 물었다.

"팀장님은 회사에서 개인적인 이야기도 나눌 만큼 친하게 지내는 사람 있으세요?"

"있죠. 오랫동안 함께 일하다 보면 자연스럽게 정도 들고, 유독 더 '케미'가 맞으면 편하게 서로 고민 상담을 해주기도 하죠."

"저도 팀장님처럼 회사생활 하면서 친하게 지낼 수 있는 사람, 만들 수 있을까요?"

"마음 터놓고 편히 지낼 수 있는 관계 말하는 거죠?"

"네, 맞아요! 일로 엮인 관계니 분명 친구처럼 지낼 순 없겠지만, 마음 맞는 동료가 있었으면 좋겠어요. 입사 전에 주변에서 가장 많이 들은 조언이 회사에서 마음 맞는 사람 있어야 오래 다닐 수 있다고, 사람들한테 잘하라는 거였어요. 그런데 막상 입사해서 보니 친해지고 싶은 사람 찾는 것은 접어두고 두루두루 잘 지내는 것만으로도 너무 힘든 것 같아 걱정이에요."

"그건 경력자들도 여전히 고민하는 문제니 우진 씨 같은 신입에겐 더 어렵게 느껴지는 게 당연해요. 아직 업무 익히는 것도 버거울 테고, 선배들이랑 나이 차도 있으니 얼마나 조심스럽겠어요. 가장 어려운 게 뭐예요?"

"저는 말하고 행동하기 전에 고민을 많이 하는 스타일인데요. 내향적인 성격인 데다 말주변도 없는데 자꾸 회사에서 '이런 얘기해도 되나?', '이런 것도 물어봐도 되나' 하고 혼자 생각하다 타이밍도 놓치고요. 다른 분들이 보기에는 답답하고 너무 조용해 보일 것 같아요."

"우진 씨가 이렇게 고민하고 있는지 미처 몰랐어요."

"이번 주 월요일 점심시간에 같이 밥 먹으면서 주말에 뭐 했는지 서로 얘기 나눴잖아요. 그때도 제 사생활을 어디까지 얘기해도 괜찮을지 몰라서 그냥 종일 집에서 쉬었다고 했거든요."

"하하, 만약에 친구들이 물어봤으면 뭐라고 할 거였어요?"

"사실 주말에 여자 친구랑 싸워서 심란했었거든요. 친구들이었다면 여친이 왜 그런 건지, 이럴 때 어떻게 해야 하는지 물어봤을 거예요."

"회사에서는 왜 그렇게 말을 못했어요?"

"제가 한 말들로 선배들이 저를 평가하고, 선입견을 갖지 않을지 걱정도 됐고, 개인적인 얘기를 어디까지 오픈해도 되는지도 모르겠더라고요. 또, 다른 분들이 불편해할까 봐? 가장 솔직한 이유를 말하자면 아직까진 안 친하니까요."

"맞아요! 직장에서의 관계는 사적인 인간관계와는 분명히 달라서 서로 믿음을 주고받기까지 시간도 많이 걸리고, 노력도 많이 필요해요. 그래서 어떤 사람들은 직장 동료들을 딱 '비즈니스 관계'로 정의하고 업무 얘기만 하면서 피로감을 줄이기도 하는 것이고요. 나도 우진 씨처럼 처음에는 동료들과 관계가 서먹하고 어려웠어요. 그런데 매일 같이 보면서 일하고, 밥 먹고 이 일 저 일 겪으면서 시간을 보내다 보니 동지애도 생기고, 그렇게 신뢰감도 쌓이더라고요. 사실 시간이 필요해요."

"음, 팀장님 그런데 저는 '비즈니스 관계'란 말이 참 냉정하게 들려요. 그래도 팀원들끼리 많이 친해야 같이 일도 더 재미있게 잘할 수 있지 않을까요? 저는 서로 알아가는 기회가 많았으면 좋겠거든요."

"우진 씨는 직장에서 사람들과 안정적이고 친밀한 관계를 맺는 게 매우 중요한 사람이지만, 반면에 '직장은 정글' 혹은 '직장 내 관계는 계약관계'로 정의하고 자신의 커리어 개발이 최우선인 사람도 있어요. 그들에게 좋은 직장 내 인간관계란 각자 맡은 바 일을 잘해서 같이 일하는 동료에게 피해를 주지 않는 것이고요. 이렇게 사람마다 추구하는 바는 다르지만, 공통분모가 하나 있죠."

"뭐요, 뭐요?"

"우선 일을 잘해야 해요! 정확히 말하자면 '저 사람은 자기 일은 알아서 잘할 것 같아' 하는 믿음이 있어야 하는 거죠!"

"팀장님, 너무 '팩폭' 하시는데요. 우선 일부터 잘하고 나서 관계 고민도 하겠습니다! 하하!"

"우진 씨가 너무 어려워서 가장 쉽고 간단한 방법을 말해주는 거예요. 우진 씨한테 일을 믿고 맡길 수 있겠다, 우진 씨라면 잘 처리해주겠다, 하는 신뢰감을 팍팍 주면 그다음에는 사람들과 훨씬 더 가깝고 편하게 지낼 수 있을 거예요. 우진 씨도 회사에서 친해지고 싶은 선배나 동료가 누구인지 잘 생각해봐요. 자기 일 열심히 하고, 남한테 피해주지 않는 사람하고 먼저 친해지고 싶잖아요?"

"오, 정말 그렇네요! 팀장님 말씀을 듣고 나니 한결 마음이 편해졌어요. 그런데 저는 이제 막 일을 배우기 시작했으니, 앞으로 팀 사람들과 친해지려면 회사생활에 완전 적응할 때까지 1년 정도는 걸릴까요?"

"에이, 그건 좀 너무 오래 걸리잖아요. 시간을 확 줄일 수 있는 팁이 있긴 한데…… 회사에서 누구나 우진 씨와 같이 일하고 싶게 만드는 비결!"

"팀장님, 어서 저한테 전수해주세요!"

관계의 거리

셀프 체크

나는 동료들에게 얼마나 친해지고 싶은 사람일까?

나는 다른 동료에게 일을 미루지 않는다. ☐

나는 동료들에게 '감사하다'라는 말을 자주 한다. ☐

나는 귀찮은 일을 솔선수범하여 처리한다. ☐

나는 동료들에게 사적인 질문이나 농담을 함부로 하지 않는다. ☐

나는 출퇴근 시간을 잘 지킨다. ☐

나는 동료들의 요청에 성의껏 답변한다. ☐

나는 동료와의 협업 시 마감 기한을 잘 지킨다. ☐

나는 나의 생각이나 감정을 동료들에게 공유한다. ☐

나는 동료들과 자주 만나 대화한다. ☐

나는 일 때문에 힘들어도 사람들이 좋으면 견딜 수 있다. ☐

✔ 1~3개: 친밀도 하

당신은 아직 사내에서 존재감이 부족합니다. 동료와의 공동 작업에 책임감을 보여 신뢰를 얻으세요.

✔ 4~6개: 친밀도 중

당신은 동료들에게 호감을 주어 신뢰를 얻고 있습니다. 자신감을 갖고 동료들에게 먼저 다가가는 노력을 해보세요.

✔ 7~10개: 친밀도 상

당신은 이미 동료들에게 가깝고, 친하게 느껴지는 동료입니다. 마음이 맞는 동료와 개인적 친분을 쌓을 기회를 만들어보세요.

관계 코칭 원 포인트 레슨

　회사는 많은 사람들이 하루 중 가장 긴 시간을 보내는 곳입니다. 동료들과 두루두루 원만히 지내면서도, 특별히 '최애' 친구가 있다면 힘든 직장생활에서 큰 위로가 될 것입니다. 몇 가지 사항만 잘 기억하고 실천한다면 회사에서도 얼마든지 마음이 맞는 친구를 만들 수 있습니다. 자, 그럼 그 방법을 알아볼까요?

관계의 거리

1. 직장 내 인간관계는 사적 관계와 다르다는 것을 인정하라

나름 친하다고 생각했던 동료에게 편히 행동했다가 "내가 네 친구니?"라는 말을 들어본 경험이 있다면, 직장 내 인간관계가 개인적 친분과는 많이 다름을 미처 생각하지 못한 것입니다. 직장에서 만난 사람들과의 관계는 직장 밖에서 맺는 사적인 관계들보다 훨씬 까다롭습니다. 사적인 관계들이 나의 선택으로 이루어진 관계라면, 직장 내 인간관계는 내 의지와 상관없이 교제의 범위를 선택할 수 없는 관계입니다. 궁극적으로 회사의 목표를 달성하기 위해 공식적으로 고용된 사람들이기 때문입니다. 이렇게 두 관계의 다름을 인정해야 직장에서 사람들에게 어떻게 접근해야 하고, 어디까지 기대할 수 있는지 파악할 수 있습니다.

2. [입문] 나부터 사귀고 싶은 동료가 되자

회사에서 친구를 만들고 싶어 괜찮은 동료를 찾고 있나요? 그렇다면 내가 먼저 동료들에게 좋은 사람이 되는 것부터가 시작입니다. 다음은 동료들에게 친해지고 싶은 사람이 되는 세 가지 꿀팁입니다.

① 미어캣 되기

사막의 파수꾼, 미어캣 아시죠? 몸을 꼿꼿이 세워 주변을 민첩히 살피는 동물이요. 미어캣처럼 파티션 너머로 동료들의 움직임, 표정 등을 살피며 '지금 이 사람에게 필요한 것은 무엇일까?' 생각해보세요. 파티션 밑으로 숨어 내 모니터에만 집중하면 주변에서 무슨 일이 일어나는지 알 수 없어요. 누군가 해야만 하는 귀찮고 사소한 일을 발견했을 때, 가장 먼저 행동하면 동료들에게 점수를 딸 수 있지 않을까요?

② 자주 묻기

모르면 망설이지 말고 동료들에게 질문하세요! 그들은 당신에게 답을 해줌으로써 타인에게 도움을 주었다는 뿌듯함을 느낄 수 있고, 당신은 대화의 기회를 늘리며 어색함을 줄일 수 있어요. 다만, 이때 주의할 것은 상대의 시간을 최대한 존중해 질문하기에 적절한 타이밍을 찾으셔야 해요. 또 동료의 답변에 대해 충분히 감사의 표현을 하는 것은 덤이겠죠? 이를테면 이런 식으로요.

[ex]

"과장님, A 프로젝트 건으로 확인드리고 싶은 것이 있는데

관계의 (거리)

요, 시간 되실 때 말씀해주세요."

"바쁘신데 자세히 말씀해주셔서 충분히 이해되었습니다. 앞으로 더 잘 챙기겠습니다. 고맙습니다."

③ 스몰 토크small talk 활용하기

동료들과 따로 시간을 내서 이야기하려고 하지 말고, 업무 중 가능한 '스몰 토크'를 최대한 활용하세요! 회의 시작 전후, 점심시간, 휴식 시간에 일상적인 대화를 나눔으로써 서로의 거리감을 좁혀갈 수 있어요. 날씨, 영화, 드라마, 노래, 취미, 점심 메뉴, 맛집 등을 주제로 스몰 토크를 시작해보세요. 단, 정치, 종교, 연봉, 가족과 같은 민감한 주제는 피해야 합니다. 이야기를 이어가려면 '예/아니요'로 답할 수 있는 닫힌 질문을 피하는 것은 센스겠지요? 상대의 이야기는 적극 경청하고, 내 이야기는 자연스럽게 전하면서 서로의 간격을 좁힐 수 있어요.

3. [심화] 프로답게 일하며 우정을 관리하라

내가 괜찮은 동료로 인정받는 만큼 마음 맞는 동료가 좀 더 특별한 친구로 발전될 수 있습니다. 그리고 나면 새로운 고민이 시작됩니다. 일을 하다 보면 일과 우정 사이에서 균형을 유지하는 것이 난감해질 때가 있으니까요. 일도 우정도 프로답게 잘 이끌어가는 방법 세 가지를 알려드릴게요. 꼭 기억하세요!

① 내 커리어의 목표 잊지 말기

"우리 회사에 왜 지원했습니까"라는 면접관의 질문, 기억하나요? 분명 그 자리에서 "좋은 친구를 사귀고 싶어서요"라고 대답하지는 않았을 거예요. 자꾸 친구에게 의지하려는 마음이 든다면, 자신의 커리어 목표를 되새겨보세요. 내가 직장에서 충성해야 할 첫 번째 우선순위는 친구(와의 관계)가 아니라 내 꿈과 목표임을 기억하세요.

② 모든 동료를 동등하게 대하기

친한 사람과 일하는 것은 당연히 편합니다. 하지만 그 편안함 때문에 일부러 혹은 나도 모르게 회사 친구만 찾는다면 직장 내에서 고립을 자초하는 거예요. 평소 친분이 없는 동료들과 일을 통해 교류하고, 새로운 관계를 맺는 것에 주저하지 마세요. 직장 내에서 자신이 누구와 특별히 친하다고 티를 내는 사람은 하수입니다.

관계의 거리

③ 경계 만들기

상대가 업무 시간에 수시로 사적인 대화를 걸어온다면, '우리 점심시간에 만나서 얘기할까?', '내가 보고 끝나고 다시 연락할게'라고 답을 하는 등 시간제한을 두세요. 또 공식적인 대화는 항상 이메일이나 사내 메신저 등을 통해 문서화해서 사적인 대화와 섞이지 않도록 관리하세요. 아무리 친한 사이라고 해도 회사 내에서는 공식 직함으로 부르고 존댓말을 사용하여 최소한의 긴장 상태를 유지하는 것도 도움이 됩니다. 업무상 기밀을 공유한다거나 서로의 편의를 봐주는 행위는 일과 우정 모두 놓치는 행동이라는 것! 꼭 명심하세요.

경조사 '국룰' 좀
알려주세요!

"너희, 지훈 선배 결혼식 갈 거야?"

오랜만에 가진 대학 동아리 친구들과의 술자리. 분위기가 점차 무르익자 자연스레 2주 후 예정된 얄미운(?) 선배의 결혼식 이야기가 화제로 떠올랐고 모두 한마디씩 거드는 분위기가 되었다.

"아니! 난 절대 안 가. 5년 만의 생존 신고가 청첩장이라니…… 완전 정떨어졌어!"

"아무리 코로나 시국이라고 해도 그렇지. 단톡방에다가 청첩장만 툭 보낸 건 좀 너무했어. 그래도 한때 친했던 사이라 모른 척하기는 찜찜한데…… 어쩌지?"

관계의 (거리)

"나는 5만 원 정도만 축의금으로 내려고. 아니면 참석하지 말고 3만 원만 보낼까도 고민 중."

"야! 요즘은 인원 제한으로 밥도 못 먹고 오는데 무슨 5만 원씩이나 해. 정 하고 싶으면 3만 원만 해! 그 선배, 결혼식 끝나면 또 잠수 탈 거야."

"선미야, 넌 오빠랑 무슨 일 있었어?"

유독 날선 반응을 하는 선미에게 아영이가 물었다.

"대학교 3학년 겨울방학 무렵에 오빠가 부친상을 당했었어. 그때 내가 동기들이랑 부산까지 내려가서 문상하고 없는 형편에 조의금도 10만 원이나 냈었거든. 그런데 내 결혼에 오기는 커녕 동기 통해서 축의금으로 3만 원 보낸 거 있지. 내가 그때 축의금 정산하면서 얼마나 황당하고 실망했는지 몰라."

"선미야, 너 진짜 속상했겠다! 근데 너 그때 오빠랑 많이 친했었나 봐."

"나만 친하다고 생각한 거지, 바보같이. 야! 최소한 받은 만큼은 되돌려주는 게 경조사 국룰 아니냐? 물론 꼭 그 돈 돌려받으려고 경조사 챙기는 건 아니지만 말이야. 그래도 경조사 때 들어오는 돈 액수가 상대한테 나는 딱 이 정도 관계구나 하고 알려주는 것 같아서 어떤 경우는 '현타' 오더라고."

"하아…… 이런 말 들을 때마다 경조사 챙기기 더 어려운 것 같아. 돈 벌고, 나이 들면 익숙해질 줄 알았는데…… 여전히 어렵다, 어려워!"

"인간관계가 더 늘어나서 그런가 봐. 특히 관계가 애매한 사람들 있잖아. 회사에서 얼굴만 아는 사람이나 거래처 사람들, 몇 년 만에 다시 연락해오는 사람들…… 정말이지 경조사 때 내야 되는 돈이 버스 요금처럼 정해졌으면 좋겠어."

이윽고 다 부질없다는 표정으로 아영이가 말했다.

"나도 신입 사원 때는 모든 경조사를 다 챙기고 다녔는데, 이제는 안 주고 안 받자는 생각이야. 그 편이 깔끔하지 않아?"

이때 우리의 수다에 끼어든 문자 알림을 확인하며 서현이가 말했다.

"어머나, 또 부고 공지네! 요즘 왜 이렇게 부고가 많은지 모르겠어. 늦지 않게 조의금 보내야겠다."

"누구신데? 가봐야 하는 거 아니야?"

"응, 우리 팀 동료의 아버님께서 돌아가셨나 봐."

"친한 사람이야? 그럼 장례식장에 가는 게 좋지 않을까?"

"응…… 자주 보는 동료이긴 하지. 그런데 개인적으로 친한 사이는 아닌데 꼭 장례식장에 가야 하는 거야? 경조사를 어떻게 어디까지 챙겨야 하는지 아직까지도 잘 모르겠어. 그냥 법처럼 있었으면 좋겠다!"

셀프 체크

나는 경조사 챙기기에 얼마나 스트레스를 받고 있을까?

경조사 챙기기로 육체적 피로함을 느낀다. ☐

경조사 챙기기로 나의 시간을 과도하게 쓴다. ☐

경조사를 안 챙기면 인간관계에 타격이 있을까 봐 불안하다. ☐

경조사 비용 및 참석 여부를 고민하는 데 시간을 많이 쓴다. ☐

능력이나 친분 과시를 위해 내가 감당할 수 있는 수준보다 경조사 비용을 과다하게 지출하기도 한다. ☐

경조사 공지가 오면 '또'라는 생각이 먼저 든다. ☐

경조사를 잘 챙기는 것이 사회생활의 기본이라고 생각한다. ☐

타인의 경조사 챙기기 문제로 가족, 애인 등과 다툰 적이 있다. ☐

(나의 경조사가 많지 않은 경우) 손해 보는 느낌이 들 때가 있다. ☐

경조사 문화가 없어졌으면 좋겠다고 자주 생각한다. ☐

✔ 1~3개: 경조사 스트레스 초기 단계

경조사 챙기기에 들어가는 당신의 시간과 에너지, 비용을 정기적으로 체크해보세요.

✔ 4~6개: 경조사 스트레스 진행 단계

관계의 우선순위에 따라 경조사 참석 여부와 경조사 비용을 선별하세요.

✔ 7~10개: 경조사 스트레스 만성 단계

당신은 경조사 챙기기로 인해 굉장한 스트레스를 받고 있습니다. 적절한 수준에서 경조사를 챙기며 인간관계를 유지하는 방법을 찾아야 하는 단계입니다.

관계 코칭 원 포인트 레슨

    금액은 어느 정도가 적절한지, 꼭 참석을 해야 하는 것인지 고민하느라 몸과 마음이 피곤해도 인간관계 유지를 위해 경조사 챙기기는 소홀히 하기가 어려운 일입니다. 기쁜 일을 함께 축하하면 그 기쁨이 배가 되고, 슬픈 일은 함께 애도하면 그 슬픔이 반으로 줄어들기도 하니까요. 역지사지로 생각한다면 경조사를 함께한 사람들에게는 고마운 마음이 드는 것이 인지상정입니다. 이왕 챙기는 것, 부담은 줄이면서도 좋은 마음

관계의 거리

은 진심으로 나눌 수 있는 경조사 챙기기 팁을 알아볼까요?

1. 그냥 주고받지 말고, '관계의 계좌'에 투자하라

경조사비는 '기브 앤 테이크give&take'가 원칙입니다. 상대가 나의 경조사에 왔는지, 그때 얼마를 받았는지에 따라 나도 상대에게 그대로 전달하는 것이 '국룰'입니다. 상대가 먼저 기준을 제시했다면 간단한 일이지요. 문제는 내가 먼저 기준을 제시해야 하는 입장이 될 때입니다. 친한 사람의 경조사를 챙겨야 할 때는 경조사비를 '교환'이 아니라 '투자'로 생각하세요. 상대와 나의 '관계 계좌'에 투자하는 것이라고 보는 겁니다. 그래서 내가 형편이 된다면 인색하지 않게 경조사비를 넉넉히 챙기는 것이 좋습니다. 내가 먼저 기준을 제시한 만큼 훗날 내 경조사 때 되돌려 받을 테니 후하게 경조사비를 낸다고 해도 그 부담을 덜 수 있습니다. 후한 경조사비 액수를 통해 상대가 이 관계에 대한 나의 신뢰와 성의를 확인함으로써 더욱 고마움을 느끼는 것은 덤으로 따라오는 장점입니다. 상대는 당신의 호의를 기억할 수밖에 없을 거예요.

은행 계좌에 돈을 넣으면 이자가 쌓이는 것처럼 상대방과 나 사이의 관계 계좌에 입금한 경조사비도 이자를 만듭니다.

간혹, 상대가 내 경조사 때 제대로 챙겨주지 않아 서운했지만, 막상 나도 똑같이 하자니 마음이 찜찜하고 불편하다는 분들이 있어요. 이런 감정이 들 때는 당장에 손해를 보는 것 같더라도, 조금 더 넓은 관점에서 생각하는 것이 도움이 됩니다. 이 관계가 나에게 중요하다고 생각되고 계속 잘 유지해나가고 싶다면, 손해를 보는 것 같은 감정은 뒤로하고 관계에 투자를 한다는 관점으로 생각해보세요. 내가 먼저 마음을 크게 쓴다면 상대도 나에게 고마워할 것이고, 나중에 밥이라도 한 번 더 사려고 할 거예요.

2. 나만의 '경조사비 표준 책정표'를 만들어놓자

매번 경조사가 있을 때마다 '얼마를 내야 하지?', '식장에 가야 하나?' 고민하지 말고, 자신의 경제 상황을 고려해서 나만의 '경조사비 표준 책정표'를 만들어두세요. 경조사 공지를 받았을 때, 마음속에 떠오른 상대에 대한 첫인상과 솔직한 나의 속마음에 귀를 기울이고, 여기에 자신의 경제 상황을 반영해 적절한 금액을 책정해두면 됩니다. 여전히 경조사비 책정이 막막한 분들은 다음의 표를 참조하세요.

관계의 (거리)

금액	대상	첫인상	속마음
0원	연락이 3년 이상 끊겼던 사람, 모임 회원, 단톡방 멤버	어쩌라고?	소식을 전달받았지만, 앞으로 볼 일이 없는 사람이니 참석을 안 했다고 욕먹어도 괜찮다. 오히려 이번이 서로 '손절'할 기회다!
3만 원	거래처, 일로 만난 관계, 먼 선후배 및 친구	굳이 나한테까지 연락을?	일대일 만남이 없는 관계라서 식장에는 불참하지만 지인들과의 관계상 마냥 모른 척할 수는 없다. 내 경조사 때 이 사람으로부터 경조사비를 못 받아도 괜찮다.
5만 원	동창, 학교 선후배, 회사 동료	시간 되면 가야지!	일대일 만남까지는 다소 어색한 사이이지만, 경조사에 가지 않더라도 최소한의 예의와 성의를 표현하고 싶다.
10만 원	회사의 친한 동기, 선후배, 친구	축하해! (아이고, 어떡해!)	경조사에 참석하려고 노력하고 싶은 관계이며 개인적인 고민도 주고받을 수 있는 사이다. 언제 만나도 어색하지 않은 가까운 관계다.
20만 원	아끼는 선후배, '찐친'	무조건 가야지!	무조건 경조사에 참석해야 한다. 평소 허물없이 지냈으며, 앞으로도 변함없을 사이다.
30만 원 이상	형제자매, 형제자매와 같은 '찐친'	내 일처럼 기쁘다. (또는 내 일처럼 슬프다)	가족만큼 가깝게 여기는 사이다. 누구보다 축하하는 마음/위로하는 마음을 전달하고 싶다. 평소 고마운 것이 많은 관계다.

3. 챙기고도 욕먹지 마라

시간과 돈을 들여 경조사를 챙겼음에도 불구하고 간혹 그 방식이 잘못되어 오히려 좋지 못한 말을 듣는 경우도 생기곤 합니다. 다음의 두 가지 금기 사항을 꼭 기억하세요.

① 내 마음대로 깎지 말 것

경조사비는 받았다면, 무조건 '받은 만큼' 돌려줘야 하는 돈입니다. 예를 들어 친구로부터 결혼식 축의금으로 10만 원을 받았다면, 그 친구가 결혼식을 올릴 때 나도 최소 10만 원을 줘야 합니다. 이때 내가 받은 금액보다 더 많이 주는 것은 문제가 되지 않지만, 부족하게 되돌려주면 경조사비를 챙기고도 좋지 않은 말을 듣는 상황이 생깁니다. 경조사비 장부를 써서 꼼꼼하게 기록하는 이유도 이 때문입니다. 모든 경조사비 내역을 기억할 수는 없으니까요. 즉, 내가 먼저 경조사비를 받은 관계라면, 반드시 상대가 얼마를 했는지 꼭 확인하고 그에 상응하는 금액을 되돌려주어 불필요한 오해를 받지 말아야 합니다. 잊지 마세요! 줘야 하는 사람은 잊어도 받아야 할 돈이 있는 사람은 정확히 기억하고 있다는 사실을요.

관계의 거리

② 납부 마감일을 넘기지 말 것

결혼식을 비롯한 경사는 행사 일정이 미리 공지가 되는 만큼 부득이하게 참석하지 못한다면, 행사가 끝나기 전에 축하 인사와 축의금을 전달하는 것이 좋습니다. 특히 코로나19로 행사 참여자가 소수로 제한되는 요즘 같은 경우에는 미리 문자 메시지와 통화로 마음도 함께 전하는 센스가 필요합니다. 나중에 '얼굴 보고 축하해야지' 하고 미루다 보면 때를 놓치고 맙니다. 갑작스레 발생하는 조사의 경우도 마찬가지인데요. 직접 조문을 가지 못하더라도 조문을 가는 일행에게 대신 인사를 부탁하거나 늦어도 일주일 내에 위로의 인사를 전하세요.

다른 사람에게
나의 약한 모습을 들킬까 봐
두려워요

"너 이직하더니 엄청 힘든가 봐? 다크서클이 눈 밑까지 내려왔어!"

"스타트업이 당연히 바쁘지. 괜찮아."

"우리 알고 지낸 지가 벌써 20년이 넘었는데, 나한테는 이제 좀 솔직해도 되지 않아? 네 얼굴에 완전 힘들어 죽겠다고 써 있어."

"들켰냐? 그냥 요즘 다 잘 안 풀리네."

지수는 한참 말을 아낀 뒤 입을 열었다.

"내가 경력직이라 팀장이 기대가 큰 만큼 일을 엄청 많이 줘. 전 직장이랑 시스템이 달라서 늘 혼자 헤매다가 매일 자정

관계의 거리

넘어서 퇴근이야."

"다른 팀원들은 없어? 모르는 건 물어보거나 도움 요청하면 되잖아!"

"내가 어렵다고 하고 모르겠다고 하면, 아마 경력직인데 잘못 뽑았다고 다들 나한테 실망할 거야. 괜히 약점 보이는 것보다는 차라리 몸이 힘든 게 훨씬 견딜 만해."

"어휴, 내가 다 숨이 턱턱 막힌다. 그럼 여자 친구랑 결혼 준비는?"

"그 문제도 쉽지가 않다!"

"야! 오늘은 제발 속 시원히 얘기 좀 해봐. 나는 네 상사도 아니고, 너랑 결혼할 사이도 아니잖아. 실망 안 하고 욕도 안할 테니까 편하게 말 좀 해봐."

좀처럼 힘든 이야기나 감정을 내보이지 않는 지수가 나는 너무 답답해 소리쳤다.

"너한테나 이렇게 가끔 털어놓지, 사실 주변에 힘든 걸 말할 사람이 없어. 아마 사람들은 내가 항상 잘 지낸다고 생각할걸? 힘든 얘기를 절대 안 하니까."

"안 하는 거야? 못 하는 거야?"

"처음엔 부러 안 했는데 이제는 못 하게 된 것 같아. 절대 들키고 싶지 않은 경험들, 내 단점들을 감출수록 괜찮은 척하기에 바빴지. 사람들이 나 보고 뭐라는 줄 알아? '포커페이스'라고 부르더라. 사람들이 나에 대해 알면 알수록 어떻게 반응할지 불확실한 만큼 상처받는 것이 늘 두려웠어."

"너 진짜 많이 외로웠겠다."

"응…… 사실 많이 외롭다. 여자 친구도 내가 이렇게 회사 일로 힘들어하는지 전혀 몰라. 내가 평일에는 바쁘니까 연락도 잘 안 되고, 주말에는 만나도 피곤한 모습만 보이니까 서운해하지. 그럼 난 또 아무렇지 않게 미안하다고 하거나 더 즐겁게 해주려 노력하고 있어."

"야, 그래도 여자 친구한테는 얘기를 해야지. 결혼까지 생각하는 사이면 더 마음 터놓고 말해도 되잖아. 너 그 친구한테 너희 부모님 이야기는 했어? 전에 언제 말해야 좋을지 모르겠다고 고민했었잖아"

"아니…… 아직 못 했어. 우리 부모님이 평생 사이가 안 좋아서 지금 따로 사신다고 말하면 솔직히 어떤 반응일지 모르겠다. 아마 많이 실망하겠지? 어릴 때부터 부모님이 싸우는 모습을 지긋지긋하게 봐서 내 결혼생활이 괜찮을지도 너무 두려워. 내가 결혼해서 행복하게 잘살 수 있을까? 혼자 그런 생각을 하다 보면 결국 결혼에 자신이 없어져서 여자 친구에게 솔직하게 털어놓지도 못 하고 있어."

관계의 거리

"그래, 그건 너한텐 너무 힘든 이야기가 맞아. 그런데 만약에 입장을 바꿔서 그 친구가 너랑 같은 상황을 털어놓으면 넌 결혼 안 할 거야?"

"아니! 안쓰러워서 더 잘 해주고 싶겠지. 책임감도 생길 테고……"

"그래, 바로 그거야! 내가 좋아하는 사람이 힘들고, 괴로워할 때는 내가 힘이 되어주고 싶고, 지켜주고 싶잖아. 네 여자친구도 분명 그럴 거야!"

"야, 됐어! 네가 너무 편하니까 내가 오늘 엄살을 엄청 부린다. 나 멀쩡해. 오랜만에 만나서 괜히 무거운 얘기만 해서 미안하다."

"어휴, 정말! 너 진짜 죽고 싶냐? 힘들면 그냥 힘들고 죽겠는 거지, 뭐가 엄살이고, 뭐가 미안하다는 거야. 네가 사과를 왜 하니, 이 바보야!"

나는 상대에게 나의 연약함을 공유하는가?

사람들이 나를 연약하게 보는 것이 싫다. ☐

가까운 사이에서도(가족, 애인, 친구) 속마음을 잘 드러내지 않는다. ☐

나의 실수, 약점, 불안을 상대가 알면 실망할 것 같아 불안하다. ☐

내 감정을 타인에게 드러내지 않기 위해 노력한다. ☐

나에 대해 솔직하게 얘기하는 것이 어색하다. ☐

긴밀한 관계에서도 외로움을 많이 느낀다. ☐

나는 타인에게 언제나 완벽하게 보이고 싶다. ☐

타인의 도움 없이 내 일은 스스로 해야 한다고 생각한다. ☐

나는 타인과 항상 경계를 유지하고 있다. ☐

사람들이 진짜 나를 잘 모른다고 생각한다. ☐

✓ 1~3개: 완전 개방형

당신의 시시콜콜한 정보를 다른 사람에게 모두 공유할 필요는 없습니다. 지나치게 당신의 TMI('Too Much Information'의 줄임말. 쓸데없이 많은 개인 정보를 의미함)를 남발하지 않도록 조심하세요.

✓ 4~6개: 개방형

솔직한 태도로 사람들과 깊은 관계를 맺는 일에 성공해본 경험을 많이 쌓아보세요.

✓ 7~10개: 폐쇄형

당신의 감정을 알아차리고 표현하는 연습부터 해보세요.

관계 코칭 원 포인트 레슨

1. '엉덩방아 효과'를 기억하라

나의 약한 모습을 보면 사람들이 실망할까 봐 두려워서 강한 모습, 완벽한 모습만 보이려고 애쓰지는 않았나요? 그런데 놀랍게도 당신이 그동안 숨기려고만 했던 약점과 연약함이 관계의 친밀감을 높이는 중요한 열쇠라는 사실이 연구로 밝혀졌습니다. 심리학 용어 중에는 '엉덩방아 효과pratfall effect' 또는

'실수 효과'라는 말이 있어요. 이는 미국 심리학자 엘리엇 애런슨Elliot Aronson이 제시한 개념으로 사람들은 실수나 빈틈을 보이는 이들에게 연민과 인간미를 느껴 호감이 상승한다는 것입니다. 휴스턴대학교의 연구 교수이자 국내에도 잘 알려진 심리학자인 브레네 브라운Brene Brown도 취약성에 대한 연구를 통해 상대가 내 감정, 약점, 상황 등을 솔직히 알 수 있도록 마음을 열수록 강한 유대감과 소속감이 형성된다고 강조했습니다. 그러므로 잊지 마세요. 있는 그대로의 나를 보여주는 용기가 타인과 나를 연결해주는 가장 큰 원동력이라는 사실을요.

2. 나 자신을 알자

주변 사람들에게 '있는 그대로의 나'로 존재하기 위해서는 먼저 나에 대해서 잘 알아야 합니다. 나를 힘들게 하는 것, 내가 숨기고 싶은 것들을 스스로 인정하고 받아들일 때, 타인에게도 솔직하게 나의 취약함을 드러낼 수 있어요. 아래의 질문들에 답하며 숨기고 싶었던 나의 생각, 감정, 행동들을 확인해 보세요.

- 아무도 모르는 나의 비밀은?

관계의 거리

- 내가 평소 가장 두려워하는 것은?
- 나에게 지속적으로 영향을 끼친 과거의 힘든 경험은?
- 불편하지만 괜찮다고 하는 경우는?
- 내가 가장 피하고 싶은 상황/일/사람은?

3. 천천히 안전지대를 찾아라

솔직하게 자신의 취약함을 드러내도 된다는 말이 곧 당신이 만나는 '모든 사람'에게 취약성을 드러내라는 의미는 아닙니다. 그전에 내가 마음을 열고 싶은 상대를 발견하고, 취약성을 드러내기에 적합한 타이밍을 찾는 것이 중요하지요. 예를 들어 소개팅 첫 만남에서 상대에게 시시콜콜한 감정이나 경험 등을 공유하는 것은 TMI를 남발하는 행동입니다.

그 대신 서서히 상호 신뢰를 쌓기 위해 충분한 시간을 가지면서 회사에서의 힘든 업무처럼 가벼운 일상 이야기로 대화를 시작하는 것이 좋습니다. 이후 그 사람이 편안해지면 나의 감정, 성격 등에 대해서 말할 타이밍을 잡습니다. 이미 가까운 가족이나 친구라면 서로에게 집중할 수 있는 조용한 장소와 충분한 시간을 확보하고 이야기하는 것이 좋습니다.

4. 솔직하게 표현하라

내 안에서 느껴지는 어떤 감정이든 수용하고 인정하는 것부터가 다른 사람들과의 연결을 위한 준비입니다.

① 날것 그대로의 감정 읽기

피하고 싶은 부정적인 감정을 겪었을 때 애써 침착한 척하면서 '지금 기분이 별로네'라고 포장하지 마세요. 그 대신 감정을 날것 그대로 읽어보세요. '아! 짜증 나! 답답해 죽겠네!' 이렇게요. 그래야 나의 감정을 있는 그대로 관찰하면서 그때 내가 어떤 행동이나 반응을 하는지 알 수 있어요.

② 내 안의 감정, 밖으로 꺼내기

자신의 감정을 있는 그대로 읽었다면 이제 솔직하게 표현해야 할 차례입니다. 가까운 사람 앞에서 "에이, 짜증 나!"라고 나지막하게 내뱉고 혼자 어색하고 불안한 마음에 "에이, 장난이야!" 하면서 감정을 거두어들이는 농담을 한다거나 "짜증내서 미안해" 하며 급작스럽게 사과하지 마세요. 어색해도 솔직하게 내 안의 감정을 겉으로 표현해야 합니다. 여전히 어렵다고요? 그렇다면 평소에 '감정 일기'를 꾸준히 작성하면서 자신의 감정을 기록하는 연습을 해보세요.

③ 주변에 도움 요청하기

힘든 상황에 처했을 때 상대가 도움을 제안해도 습관적으로 "괜찮아요"라고 말하고 있지는 않나요? 내게 필요한 것을 주위에 분명하게 지원 요청하고, 함께 해주기를 기대하는 것은 인간관계에서 자연스러운 일입니다. 상대 역시 당신에게 도움이 된다고 느낄 때, 두 사람의 관계는 더욱 긴밀하게 연결이 됩니다.

5. 의도된 좌절을 경험해보자

그동안 자신의 부족함이나 약점이 다른 사람들 눈에 띌까 봐 전전긍긍하며 애써왔나요? 그렇다면 의도적으로 스스로를 취약한 상황에 지속적으로 노출해서 실패나 좌절에 익숙해지게끔 만들어볼 수 있습니다. 의도된 실패와 좌절을 경험하면서 누구에게나 취약한 부분이 있음을 인정하고, 매사에 완벽한 상태로 존재하지 않아도 됨을 깨달을 수 있을 거예요. 구체적인 방법은 다음의 내용을 참조하세요.

① 잘하지 못하는 일 해보기

이를테면 오른손잡이이지만 왼손으로 글씨 쓰기를 하는 것처럼 어려운 일에 도전해보세요.

② 새로운 분야 배우기

지금까지 배운 적 없는 새로운 분야에 도전해서 배우고 익혀보세요.

③ 실수에 대한 피드백, 공개적으로 받기

나의 실수에 대해 가까운 친구나 동료, 가족에게 공개하고, 피드백이나 조언을 구해보세요.

가족들과
떨어져 지내고 싶은 나,
이기적인가요?

상은이의 첫 독립을 축하하기 위해 현준이와 그녀의 원룸에서 모였다. 취업 스터디에서 처음 만난 우리는 학교, 전공, 성별, 직업도 다르지만 처음부터 마음이 잘 통했고, 허심탄회하게 마음을 나눌 수 있는 술친구로 인연을 이어오고 있다.

"아담해서 혼자 살기 딱 좋다."

"짠! 진짜 내 로망이었어! 종류별로 수입 맥주 꽉꽉 채워놓은 냉장고! 나 성공한 커리어 우먼 같지 않아?"

우리는 상은이가 얼마나 오랫동안 독립을 망설였는지 알기에 누구보다 반가웠고, 그녀의 독립을 축하해주고 싶었다.

"상은아, 뭐가 가장 좋아?"

나의 질문에 상은이는 홀가분한 표정으로 말을 이어갔다.

"내가 먹고 싶을 때 먹고, 자고 싶을 때 자고, 식구들 신경쓸 것 없이 내 마음대로 하는 거지! 배달 음식 시켜놓고 조명 은은하게 켜고, 블루투스 스피커 틀고 음악 들으면서 캔맥주 하나 딱 원샷 하는 거! 완벽한 솔로 라이프야!"

"너 진짜 마음 편해 보여서 다행이야. 그래도 혼자 있는 거 어색하지 않아?"

"첫 일주일은 사실 당황스러웠어. 항상 가족들하고 부대끼다가 나를 위한 공간과 시간이 생기니 정작 뭘 해야 좋을지 막막한 거 있지. 배달 음식 시킬 때도 정작 내가 어떤 음식을 좋아하는지도 잘 모르겠는 거야. 식구들이 좋아하는 메뉴는 알아도 말이야."

"그래, 정말 그렇겠다. 그동안 네 우선순위가 항상 가족이었으니까. 우리 상은이, 독립 진짜 제대로 실감하네!"

"현관문 열었는데 아무도 없을 때는 아직 낯설어. 전에는 항상 부모님이 기다리고 계셨잖아. 그래서 언젠가부터 퇴근 후 도어락 비번 누르려고 문 앞에 서면 나도 모르게 한숨 쉬던 적이 많았거든. 집에 들어가는 게 너무 답답하더라고. 가족들이 싸웠다거나 무슨 일이 있는 것도 아니었는데 말이야."

"아…… 나도 그 기분 정말 잘 알 것 같아!"

"그러면서도 현준이 너는 왜 집 못 나와? 지난번에 집도 알아봤잖아."

"타이밍을 놓쳤어. 엄마가 갱년기이신지 계속 우울해하고, 아빠랑 말도 거의 안 하시더라고. 그런데 나까지 나오면 우리 엄마 쓰러질 거 같아서 엄두도 못 내겠어."

"어휴, 그러네. 그런 상황이면 쉽게 못 움직여. 특히 너는 엄마한테 '딸 같은 아들'이잖아. 남동생은 무뚝뚝하고! 네가 늘 엄마를 챙기니, 엄마도 너한테 더 의지하실 것 같아."

"그렇지……"

현준이도 답답한지 두 번째 맥주 캔을 따며 말을 이어갔다.

"엄마는 힘든 게 있으면 꼭 나한테만 얘기해. 동생한테는 안 하시면서. 동생은 워낙 일찍 독립해서 지내기도 하지만. 나는 뭐 핑계가 없잖아. 같이 사니 다 보이고, 다 들리고…… 내가 안 챙기면 집안에 챙길 사람이 없으니 모른 척할 수가 없어."

내 말에 우리 셋은 약속이나 한 듯 깊은 한숨을 내쉬었다.

"상은이, 너는 그래도 대단하다. 어떻게 부모님 설득하고 나왔어? 설마 싸우고 도망친 건 아니지?"

현준이의 물음에 상은이는 기다렸다는 듯 힘들었던 상황을 담담히 털어놓았다.

"내가 갑자기 독립 선언을 하니 부모님이 처음에는 너무 충격을 받으셨어. 독립에 대한 단호한 의지를 보여주려고 집까지 다 알아보고 통보했더니 더 난리가 나신 거지. 갑자기 도대체 왜 그러느냐, 곧 결혼할 텐데 그때까지 그냥 같이 참고 살자…… 어휴, 말도 마. 나도 서른 넘은 성인인데 엄마 아빠 눈에는 아직 애로 보이나 봐! 결혼도 서운해서 못 시킬 정도라고 농담처럼 얘기하셨는데, 그게 농담이 아니었더라."

"딸들은 엄마랑 각별하잖아. 같은 여자로서 엄마를 누구보다 이해하면서도 한편으로는 답답하고 안타까운 마음이 같이 드는 걸 거야. 엄마랑 물리적 거리뿐만 아니라 심리적으로 너무 가까이 얽혀 있다 보니 이런 감정들이 내 안에 쌓여서 체한 듯 얹힌 느낌이었어. 여백이 없는 모녀 사이가 숨 막힌다고 해야 하나. 엄마가 가끔 '너 때문에 산다'라고 말하면 부담스러워서 진짜 듣기 싫더라. 오죽하면 저런 말씀을 하실까 이해도 되지만 결혼 후에는 또 어쩌나, 더 나이 들면 어쩌나 이런 생각을 하면 혼자 너무 지치게 되어서 독립이 딱 필요한 타임이었어!"

힘든 마음을 내려놓으며 상은이의 커다란 눈에 눈물이 가득 차올랐다.

셀프 체크

나는 부모님/가족과 얼마나 얽혀 있을까?

형제자매보다 내가 부모님/가족에 책임감을 더 많이 느낀다. ☐

부모님/가족과 함께 지내는 것이 너무 답답하게 느껴진다. ☐

부모님/가족이 나의 생활에 대해 대부분 알고 있다. ☐

내가 아니면 부모님/가족의 생활이 지금보다 어려워질 것만 같이 느껴진다. ☐

부모님/가족들이 부탁이나 요청을 주로 나에게 한다. ☐

부모님/가족들이 나의 호의를 당연하게 생각한다고 느낀다. ☐

부모님/가족들이 나에 대한 기대가 크다. ☐

부모님/가족의 연락이 부담스럽게 느껴질 때가 있다. ☐

부모님/가족의 존재가 중요한 결정을 할 때 걸림돌이 되기도 한다. ☐

부모님/가족에게 나도 많은 것을 의지하고 있다. ☐

✔ 1~3개: 관계의 거리 벌리기 1단계 필요

부모님/가족과 당신 사이의 거리는 지금 딱 적절합니다. 지금과 같은 거리를 계속 유지하세요.

✔ 4~6개: 관계의 거리 벌리기 2단계 필요

부모님/가족과는 거리를 두면서 자신을 위한 활동에 집중하고 즐겨보세요.

✔ 7~10개: 관계의 거리 벌리기 3단계 필요

부모님/가족과 당신 사이는 매우 밀착되어 있습니다. 더 멀어지셔야 해요. 부모님/가족으로부터 나만의 공간과 시간을 엄격히 분리하고 사수하세요.

관계 코칭 원 포인트 레슨

    살다 보면 누구보다 아끼고 사랑하는 가족들이 짐으로 느껴지는 순간이 있습니다. 그럴 때, 그냥 현재 상태 그대로 밀착되어 지내자니 숨 막히고, 독립을 강구하는 등 문제를 해결해 보자니 막막하기만 하지요. 다음은 내 삶의 소중한 존재인 가족들을 더 오래 사랑하고, 함께 행복해지기 위해 가족과 적절하게 관계의 거리를 두는 방법들입니다.

관계의 (거리)

1. Me First! 나와 가장 친하게 지내자

'너 때문에 산다', '애어른 같다', '너 없었으면 어쩔 뻔했니' 등과 같은 말들을 가족으로부터 많이 들었나요? 그렇다면 당신은 가족을 위해 양보하고, 배려하는 삶에 이미 익숙한 상태입니다. 이제 '나'를 나의 최대 관심사로 설정하세요! 그동안 가족을 위한 삶을 사느라 미처 알아채지 못했던 내 안의 감정과 욕구를 들여다보세요. 누군가의 딸, 아들, 형, 오빠, 누나, 언니를 넘어 독립적인 나로서의 존재감을 찾는 여정의 시작이 될 수 있습니다.

아래의 질문들에 답하며 가족과의 관계에 얽매여 지친 나에게 자유를 가져다줄 실마리를 찾아보세요. 아주 쉬운 질문들이지만 선뜻 답이 떠오르지 않을 수도 있습니다. 조급해하지 말고 천천히 마음속을 들여다보며 고민해보세요. 내가 나에 대해 더 잘 아는 만큼 가족들과의 관계에서도 자유로워집니다.

- 내가 가장 좋아하는 음식은? 나만의 맛집은?
- 내가 자유 시간에 가장 하고 싶은 활동은?
- 나의 취미는? 앞으로 배우고 싶은 취미는?

- 내가 스트레스를 푸는 방법은?
- 나에게 가장 위로가 되는 사람은?
- 내가 행복해지려면 무엇이 더 필요한가?
- 지금 하고 있는 일 중에서 내가 정말 하고 싶지 않는 일은?

2. '방해 금지 모드'를 켜고 혼자 놀아라

가족을 돌보는 시간이 길어질수록 나를 돌보는 시간은 줄어듭니다. 자신을 위해 투자를 하거나 시간을 내는 것이 이기적이라고 생각해 주저했던 기간이 길었다면 막상 시간이 생겼을 때 어색하고 무엇을 해야 할지 막막한 느낌도 들었을 겁니다. 혼자만의 시간을 즐기는 법을 모르기 때문입니다. 사실 나를 위해 시간을 투자하는 일은 절대 이기적인 행동이 아닙니다. 가족과 잠시 거리를 둔다고 해서 그들을 내 삶에서 완전히 차단하고, 모른 척한다는 것은 아니잖아요. 가족들을 더 잘 돕고 챙기기 위해서라도 이제부터는 나 자신을 먼저 위하고 돌봐야 합니다.

다음에 소개하는 내용은 오롯이 나만을 위한 시간을 만드는 방법입니다. 시작은 거창하지 않아도 됩니다. 우선 주말 중 최소 반나절을 비워두세요. 독립하지 않았다면 그 시간에 집

밖에서 할 수 있는 활동들을 할 것을 추천합니다. 동네 산책, 서점 방문, 드라이브, 맛집 탐방처럼 쉽게 시작할 수 있는 것부터 시도해보세요. 집 밖에서 시간을 보내는 것이 오히려 더 피곤하다면 책 읽기, 영화 보기, 요리하기, 글쓰기, 반려 식물 키우기처럼 실내에서 정적인 활동을 해도 좋습니다. 단, 어떤 활동이든 혼자 해야 하고, 매주 활동 내용을 바꿔가면서 꾸준히 할 수 있는 것을 찾아보세요. 가족에게는 약속이 있다고 말하고 그 시간에 연락을 하거나 찾지 않도록 해둡니다. '방해 금지 모드'를 설정하는 것이지요. 나 자신과의 약속이 가장 중요하니까요!

3. 죄책감은 버리자

가족과 관계의 적절한 거리를 두는 시도가 어려운 것은 바로 죄책감 때문입니다. 가족들에게 너무 강한 유대감과 책임감을 갖게 되면 '내가 너무 나만 생각해', '내가 가족들을 실망시켰어', '가족들이 나 때문에 힘들어', '나라도 더 잘했어야 했는데' 등 실제로 잘못을 저지르지 않았는데도 죄책감을 느끼게 되지요. 내가 문제의 원인이 아닐 때도, 내가 통제할 수 없는 상황일 때도 자꾸 책임을 지는 것에 습관이 들어버린 것입니다. 결국 반복되는 죄책감에 '관계에 얽매임'이라는 늪에 빠져 허우적거리게 되지요. 죄책감과 자기비판이 내면화되지 않도록 살펴주세요. 다음은 불필요한 죄책감을 떨쳐버릴 수 있는 질문들입니다.

- 꼭 가족들 중에서 내가 그 일을 해야 하는가?
- 가족에 대한 나의 책임감이 적절한가?
- 가족이 불행하다면, 내가 잘못한 것인가?
- 나의 과도한 책임감으로 다른 가족들이 책임을 회피하고 있지는 않나?
- 내가 없으면 정말 가족들이 살 수가 없나?
- 내가 가족에게 얼마나 잘하는지에 따라 내가 더 좋은 사람이 되는가?

4. 스스로에게 "충분해"라고 말해주자

가족과 너무 밀착되어 있었을 경우, 가족 관계에 지쳐 바닥을 치는 순간에도 가족이 아닌 자기 탓을 하게 됩니다. '왜 진작에 관계를 더 잘 설정하지 못했지?', '나는 왜 이렇게 바보같이 살았지?', '왜 나만 이렇게 힘든 거지?', '흘러가버린 지난 시간이 아깝다' 등의 생각이 들면서 그동안의 노력과 시간들이 모두 무의미하게 느껴져 서럽고 외로운 마음에 울컥하는 것이지요.

충분히 그럴 수 있습니다. 하지만 이 모든 상황은 당신 잘못이 아닙니다. 내가 느끼는 감정은 알아주되, 판단을 멈추고 그것이 사실이 아니라는 것을 기억하세요! 자꾸 자기 탓으로 느껴진다면 먼저, 자신의 역할의 한계를 있는 그대로 인정하세요. 당신은 엄마의 자녀이지, 엄마의 배우자가 아닙니다. 당신은 동생의 형제자매이지, 부모가 아니고요. 또한 항상 그들의 이야기를 들어줘야 하는 상담사도 아닙니다. 당신은 가족들의 모든 문제를 해결해주는 슈퍼맨이 아니고, 그렇게 될 수도 없습니다. 가족 내에서 벌어진 문제를 자꾸 자신의 탓으로 돌리며 이 관계를 후회하고 속상해할 때는 자신에게 이렇게 말해주세요.

- "나는 최선을 다했어! 충분해!"
- "정말 애썼다! 고생했어."
- "나는 더 행복해질 수 있어."

5. 안 되는 것은 안 된다고 단호하게 말하자

가족과 '안전거리' 사수를 위해 '독립' 카드를 꺼내들었다고요? 물론 공간의 분리가 도움은 되지만, 이미 내 일상 곳곳의 너무 많은 공간에 가족들이 사랑이라는 이름으로 관여하고 있는 상황에서는 독립만이 능사가 아닙니다. 그보다는 이제 '여기까지만!' 하고 경계를 긋는 연습을 해야 합니다. 예를 들어서 평소 친구처럼 지내는 엄마가 연인과의 데이트를 상세히 말해주기를 기대하고, 매일 연락하기를 바란다고 칩시다. 그런데 나는 바빠서 매일 연락하는 것도 힘들고, 연애 생활만큼은 너무 사적인 일이라 엄마에게라도 말하고 싶지 않습니다. 이럴 때 당신은 엄마에게 뭐라고 할 건가요?

① "엄마! 전화 좀 그만해! 연애 얘기는 앞으로 말 안 해줄 거니까 물어보지도 마!"

② "엄마, 내가 평일에는 바빠서 연락을 못하더라도 주말마다는 꼭 전화할게. 연애도 잘하고 있으니 걱정 말고!"

①처럼 말하면 엄마는 엄마대로 서운한 마음이 들고, 그럴

게 말한 자신의 태도에도 곧 후회가 밀려와 스트레스만 더 받습니다. 선을 긋는 대화에서는 상대가 틀렸다고 지적하지 말고, 다른 제안을 하며 부드럽게 이야기를 하세요.

한때는 정말 친했는데
멀어진 친구, 어쩌죠?

후배 다정이의 결혼식이 끝나고 돌아가는 길, 나는 하나에게 전화를 걸었다.

"하나야? 오늘 다정이 결혼식에서 널 못 봐서 궁금해서 전화했어. 먼저 다녀갔어?"

"언니! 저 오늘 못 갔어요. 축의금만 다른 친구한테 부탁했고요."

"다들 네가 안 보여서 궁금해하는 눈치더라. 너희 둘이 진짜 매일 붙어 다녔잖아."

"그럴 만하죠. 수업도 늘 함께 들었고, 2년이나 같이 자취도 했고요. 지금 생각해보면 4년 내내 정말 징그럽게 붙어 다녔

관계의 거리

어. 하하."

하나는 다정이와 싸우지 않았다는 것을 강조하며, 아쉬움 섞인 목소리로 말을 이었다.

"언니, 우리 진짜 자매보다 친했는데 지금은 너무 멀어졌어요. 서먹서먹해졌다고 해야 하나……"

남녀가 헤어졌다면 학교에 소문이 파다했겠지만, 처음 듣는 그녀들의 이야기에 오히려 내가 다소 당황스러웠다. 그래도 귀를 기울여 무슨 일인지 들어봤다.

"다정이는 바로 취업하고, 저는 공무원 시험을 꽤 오래 준비했잖아요. 첫해는 다정이가 노량진까지 와서 밥도 사주고, 이것저것 챙겨주고 신경 많이 써줬죠. 그런데 그때 제가 공부하느라 여유가 없었나 봐요. 다정이가 챙겨주는 것들이 조금 부담스러웠어요. 다정이는 제법 커리어 우먼처럼 예쁘고 멋있어 보이는데, 저는 추리닝 차림에 생얼로 만나고 나면 괜히 자격지심 느껴지고 그렇더라고요. 웃기죠? 그래서 연락이 점차 줄었어요."

"큰 시험 앞두고 공부하느라 너도 예민했겠지. 나라도 그랬을 거야."

"서로 일상이 달라지니 당연히 관심사도 점점 달라지더라고요. 대학생 때는 대부분의 일상을 공유하니까 척하면 척 통했는데, 오랜만에 만나 듣는 회사생활이나 남자 친구 얘기들은 그 당시 혼자 고시원 생활을 하던 저랑은 완전 다른 세상 얘기라 낯설었어요. 그래도 그때는 이렇게까지 될 줄 몰랐는데……"

"그러게. 대학 시절에는 학교라는 울타리 안에서 다들 비슷한 속도로 살아가고, 졸업이라는 공통된 목표가 있으니까 공유할 수 있는 것이 많지만, 그 공간을 벗어나면 저마다 삶의 속도랑 방향이 달라지니 관계를 예전처럼 이어가기가 더 어렵더라. 하나 네 성격에 다정이랑 관계 회복하려고 애 많이 썼을 것 같은데?"

"관계라는 것이 더 노력한다고 이전처럼 쉽게 돌아오진 않더라고요. 둘 사이에 벽이 생긴 느낌이었달까요. 차라리 결정적인 사건이 있어서 울고불고 싸웠다면 속 시원하게 화해하고 다시 편해질 텐데…… 괜히 더 조심스러워서 눈치 보며 애써야 하니 다정이를 만나면 어색했어요."

"그래, 뭔지 알아. 속마음은 안 그런데 서로 자연스러운 척 의식적으로 노력하는 사이가 된 거잖아."

"그래요, 맞아! 노력! 계속 상대방 기분을 살피고, 말 한마디도 조심하게 되니 오히려 행동이 어색해지고…… 다정이도 제 마음이랑 비슷했을 거예요. 서로 관계가 불편해질수록 저는 자꾸 우리가 가장 친했을 때처럼 해야 할 것만 같은 압박이 컸어요. 돌아보니 그렇게까지 하지 않았어도 되는 거였는데 말이죠. 언니, 이렇게 관계가 변하는 게 자연스러운 걸까요? 정상인 건가?"

"정상? 글쎄, 다른 사람들도 대부분 그렇지 않을까?"

"소울메이트라고 여겼던 친구랑 멀어지니 저에게 문제가 있는 게 아닌가 싶어서 많이 괴로웠어요. 지금 친하게 지내는 사람들하고도 또 언젠가 이렇게 되겠지, 하는 생각이 들면 허무한 마음도 들고요."

"다정아, 언니도 '내가 한 번 더 연락할걸', '바쁜 척하지 말걸' 하고 후회하는 관계들이 있어. 그런데 사람이란 게 사실 계속 변하잖아. 나이가 들고, 상황도, 생각도, 가치관들도 점차 달라지니 관계도 결국은 변할 수밖에 없다는 걸 지금은 인정하게 됐어. 그러니까 마음이 조금은 편해지더라."

"하아, 언니 정말 어려운 문제네요!"

나는 그 친구와 다시 친해질 수 있을까?

그 친구와 더 이상 함께 무언가를 하지 않는다. (스터디, 쇼핑, 여행 등) ☐

제3자로부터 그 친구의 새로운 소식을 듣는다. ☐

그 친구와 문자나 전화를 하지 않은 지 오래되었다. ☐

그 친구에게 먼저 연락하는 것이 부담스럽다. ☐

서로에게 더 친한 친구가 생겼다. ☐

그 친구와 단둘이 만나는 것보다 여러 명의 친구들과 함께 만나는 것이 편하다. ☐

서로 공통점은 과거 이야기뿐이다. ☐

서로 생활환경이나 라이프 사이클(예를 들어 결혼 vs. 비혼) 등이 다르다. ☐

둘 사이에 해결되지 않은 오해가 있다. ☐

그 친구에게 나의 최근 근황을 공유하기가 망설여진다. ☐

✔ 1~3개: 회복 가능성 70% 이상

아직 기회는 충분합니다. 더 자주 연락하고 만남을 이어가세요.

✔ 4~6개: 회복 가능성 50% 이상

관계를 회복하기에 아직 늦지 않았습니다. 만남과 연락을 더 이상 미루지 마세요.

✔ 7~10개: 회복 가능성 10% 이하

안타깝지만 다시 예전처럼 지낼 수 없게 된 듯합니다. 그동안의 인연에 감사하는 것이 최선입니다.

관계 코칭 원 포인트 레슨

한때의 절친이 지금은 세상에서 제일 서먹한 친구가 되기도 하고, 한때 완벽한 타인이었던 사람이 지금 나의 '최애' 절친이 되기도 합니다. 우리의 인생에서 친구는 그렇게 오기도 하고 또 가기도 하는 인연입니다. 비록 '영원한 우정'은 없더라도 그간의 모든 우정이 무의미하지 않도록 센스 있게 우정을 관리하는 비법을 알려드릴게요.

1. '우리 우정 포에버'라는 환상을 버리자

절친과의 우정은 유효기간이 있을까요? 네덜란드의 사회학자 헤럴드 몰렌호스트Gerald Mollenhorst는 사람들이 절친과 얼마나 오랫동안 관계를 유지하는지 연구했습니다. 그 결과, 사람들은 7년을 주기로 기존의 친한 친구 절반을 잃고, 새로운 친구로 대체하는 것을 발견하지요. 이 연구 결과를 믿을 수 없다면 주변을 한번 돌아보세요. 한때의 절친이 지금은 지인보다 못한 관계가 되었거나 불과 1년 전에는 서로 알지도 못 했던 사람인데 나의 절친이 되어 있는 경우를 볼 수 있을 거예요. 변화하는 우정을 두고 자꾸 나의 인간관계가 실패했다고 생각하거나 스스로를 나쁜 사람처럼 느낄 필요가 전혀 없어요. 우리의 인생에 친구가 오고 가는 것은 자연스러운 일임을 인정하고 받아들이세요. 특히 내 의지와 상관없이 우정이 변할 수 있는 상황들이 있음을 기억하세요.

2. 쓸모없는 우정은 없다. 지나간 우정을 통해 배우자

'그때 왜 그랬지?', '10년이나 함께했는데 너무해', '걔가 그렇게 하지만 않았어도 잘 지냈을 텐데……' 우정이 끝나면 지난 관계에 대한 후회, 속상함, 안타까움 때문에 자책하거나 상대방에 대한 원망이 생겨날 수 있어요. 이때 그 친구가 나와 얼마나 오랫동안 친했는지는 중요하지 않습니다. '만약에 더 자주 연락했으면 잘 지냈을까' 하는 식으로 자꾸 흘러가버린 과거를 가정하며 후회하지 마세요. 과거에 얽매이지 않는 방법은 이 관계에서 저지른 나의 실수를 인정하고, 향후 친구를 사귈 때 관계 개선을 위해 어떤 점을 유의해야 할지 배우는 기회로 만드는 것입니다.

또한 그동안 내 곁에 가까이 머물러준 친구를 향한 현재의 불만과 서운함을 감사의 마음으로 돌리면서 새로운 우정을 맞이할 준비를 해야 합니다. 자, 한때 절친이었던 친구를 떠올리며 아래의 질문에 솔직하게 답해봅시다. 차분히 자기 성찰을 위한 시간을 가지면서 말이에요.

- 친구와 관계를 유지하면서, 안 했지만 꼭 했어야 했던 것은?
- 친구와 관계를 유지하면서, 했지만 절대 하지 말아야 했던 것은?
- 그 친구가 나에게 준 긍정적인 영향은?
- 내가 그 친구에게 준 긍정적인 영향은?
- 내가 이 관계를 통해 나에 대해 새롭게 알게 된 것은?

- 그 친구에게 가장 고마운 점은?

- 그 친구에게 마지막으로 하고 싶은 말은?

- 내가 앞으로 다른 친구를 사귈 때 꼭 하고 싶은 것은?

- 내가 앞으로 다른 친구를 사귈 때 주의해야 할 것은?

3. 곁에 있을 때 잘하자

우리는 언제든지 새로운 사람들을 만날 수 있습니다. 마음을 열어두고 있으면 기회는 언제나 충분하지요. 나와 절친이 될 수 있는 친구의 범위를 제한하지 말고 작은 만남들을 반복하면서 새로운 친구를 만들고, 그 관계를 오랜 우정으로 가꾸어 나가보세요. 다음은 오래도록 우정을 유지하는 네 가지 비책입니다.

① 관계의 변화를 쿨하게 인정하기

시간이 지남에 따라 관계가 변한다는 사실에 너무 의미 부여를 하지 마세요. 오히려 우정의 깊이나 기한에 얽매이지 않을 때, 관계는 오래 유지될 수 있습니다.

관계의 (거리)

② 연락은 내가 먼저 하기

'며칠 있으면 생일이니까 그때 연락해야지', '지금은 바쁠 테니까 저녁에 연락해야지'라며 연락하기에 적절한 때를 기다리지 말고, 문득 친구의 안부가 궁금해지는 순간 망설이지 말고 문자 메시지를 남겨보세요. 그렇게 자주 안부를 물으면서 서로의 일상을 공유하세요. '왜 늘 나만 연락해!' 하면서 반문하지 말고요. 누가 먼저 연락하면 어떤가요?

③ 약속 미루지 말기

가까운 친구와의 약속은 '일이 많아서', '집에 일이 생겨서', '아파서', '날씨가 안 좋아서' 등 여러 가지 이유로 쉽게 미루는 경우가 많아요. 그러다 보면 결국은 자주 보지 못하는 관계로 정리됩니다. 친구와의 이번 약속이 마지막일 수도 있습니다. 더 이상 미루지 마세요.

④ 기다려주기

취업, 결혼, 육아와 같은 인생의 큰 변화를 앞둔 친구는 예전처럼 나와의 시간을 갖지 못할 거예요. 이 점을 서운하게 생각하지 말고, 오히려 친구가 이런 변화에 적응할 수 있도록 도움을 주세요. 취준생 친구와 서점에 함께 가준다거나, 웨딩 촬영을 하는 친구를 거들어준다거나, 친구의 아이를 같이 돌봐주는 것 등이 좋은 예입니다. 친구가 맞이한 인생의 전환기에 함께 할 수 있는 방법을 찾아 친구 곁에 있어주세요.

왜 내 연애는
늘 같은 식으로
망할까요?

주호는 나의 20년 지기로 수의사다. 나는 주호의 동물 병원 개원을 축하하기 위해 잠시 들렀다. 그런데 주호가 잠깐 자리를 비운 사이, 그의 핸드폰이 쉼 없이 울렸다.

"하아……"

주호는 짧은 탄식을 내뱉고는 핸드폰을 가운 주머니에 바로 넣어버렸다.

"수진 씨, 급한 일 같은데 얼른 전화해줘!"

수진은 주호의 1년 된 여자 친구다.

"지금 말고 퇴근하고 할래. 할 얘기도 없고."

"싸웠구만. 너 또 동굴에 들어간 거야?"

나는 주호의 눈치를 살피며 슬며시 떠보았다.

"진짜 곰처럼 나도 동굴에서만 살고 싶다. 요즘은 연애가 너무 숨 막혀. 말 못하는 강아지들보다 말 잘하는 여자 친구랑 말이 더 안 통하니 아주 돌겠어!"

주호는 지친 표정으로 무겁게 말을 이어갔다.

"수진이는 기본적으로 혼자 있는 걸 못 견뎌해. 사귄 지 1년 정도 되었으면 서로 일상이 어떤지 다 알잖아. 뭐가 그렇게 궁금하고 확인받고 싶은지⋯⋯ 정말 갑갑하다."

"하하하, 네 성격에 진짜 환장할 만하다! 인정! 그런데 네가 수진 씨한테 너무 무뚝뚝하게 말하고 행동하는 건 아니야? 사랑한다는 말도 잘 안 하고."

"어휴! 사랑하지도 않는데 일부러 시간 내서 만나 밥 먹고, 선물 사주고, 스킨십 하고 그러겠냐?"

"묘하게 네 말에 설득되는데? 그래도 그건 네 생각이지. 수진 씨는 너한테 사랑한다는 말을 듣고 싶어서 계속 갈증이 생기는 거 아닐까?"

"네 말도 맞아. 내가 더 사랑한다고 말하거나 애정 표현을 많이 하면 좋아질 수도 있겠지. 그런데 나는 그런 말이 어려워. 어색하고. 왜 그렇게까지 해야 하는지 모르겠다니까. 오히려 강요할수록 더 하기 싫고, 마음도 멀어진다고 해야 하나? 어

관계의 (거리)

휴, 숨 막혀!"

"야! 그래도 미루지 말고 빨리 전화해줘! 수진 씨가 여기에 갑자기 나타날 것 같아서 불안하다, 하하!"

"도대체 여자들은 왜 이렇게 연락에 집착하는 걸까? 내 여자 친구만 그런 거야?"

"음…… 보통 남자들보다 여자들이 전화나 연락에 더 민감한 것 같긴 한데, 사실 '케바케'지."

"'케바케'라고? 그러면 나는 왜 이런 여자 친구만 만나는 거냐? 전 여친도 그랬고, 전전 여친도 그랬고. 결국 연락이나 애정 표현 문제들로 싸우다가 늘 같은 이유로 헤어졌어. 넌 안 그래?"

주호는 진짜 궁금한 것 같았다.

"나? 나는 남자 친구가 내 연락을 안 받으면 그냥 바쁜가 보다, 나중에 전화 온 거 보면 연락하겠지 하고 끊어."

"네가 특이한 거 아냐?"

"어휴, 야! 이게 남녀 차이가 아니라니까! 성별 문제가 아니라 개개인의 애착 유형에 따라 반응이 다른 거야."

"애착 유형?"

"그래. 어릴 때 양육자와 어떻게 관계를 맺었는지가 성인이 된 후의 연애나 친구 관계에서도 유사하게 드러난다고 해. 그

걸 애착 유형이라고 하고. 안정형, 불안정형, 회피 유형으로 구분해. 너도 알다시피 강아지도 보호자랑 애착 관계를 어떻게 형성하는지에 따라서 다른 사람들한테 반응하는 게 달라지잖아. 그거랑 비슷해."

"오, 맞아! 네 생각에 나는 무슨 유형이야?"

"넌 전형적인 회피형!"

"사람들에게 자주 벽 치고, 혼자 있는 게 좋고, 누가 나한테 간섭하거나 다가오려고 할 때 질색하면 회피형인 거야?"

"하하하! 정확해! 잘 아네!"

"그럼 내가 회피형이라서 그동안 연애할 때마다 똑같은 이유로 힘들었던 건가?"

"그렇지. 그게 네가 친밀감을 나누는 방식이고, 너의 연애 스타일이기도 하니까."

"하아…… 그럼 난 이번 생은 틀렸네! 계속 이런 식으로 연애하면 해피 엔딩은 없을 것 같아."

"야! 걱정 마. 애착 유형이라는 게 만나는 사람이나 경험에 따라서도 얼마든지 변할 수 있고, 또 서로 애착 유형을 알고 대처하면 훨씬 편해지니까!"

셀프 체크

나는 연애할 때 어떤 사람일까? 아래 문항을 읽고 자신의 평소 모습에 따라 점수를 체크한 뒤, 합계를 계산해보세요.

1. 합계: _____점

점수	연애에 대한 평소 생각 또는 행동
1 2 3	나는 연인과 갈등이 생겼을 때 자연스럽게 해결될 수 있다고 생각한다.
1 2 3	나는 연인이 부재중이면 바쁘다고 생각한다.
1 2 3	나는 연인과 함께 있을 때 편안하다.
1 2 3	나는 연인도 나를 충분히 사랑한다고 생각한다.
1 2 3	나는 이별 후 시간이 지나면 자연스럽게 새로운 사람을 사랑할 수 있다.

2. 합계: _____점

점수	연애에 대한 평소 생각 또는 행동
1 2 3	나는 연애할 때 집착이 심하다.
1 2 3	나는 상대의 마음을 자주 확인하고 싶다.
1 2 3	나는 연애할 때 감정 기복이 크다.
1 2 3	나는 상대가 떠날까 봐 자주 불안하다.
1 2 3	나는 마음과 행동이 다르게 나타나는 경우가 있다.

3. 합계: _____점

점수	연애에 대한 평소 생각 또는 행동
1 2 3	나는 연인에게 내 감정을 다 말하지 않는다.
1 2 3	나는 연인을 믿지 않는다.
1 2 3	내가 좋아하는 사람이 나를 좋아한다고 하면 호감이 줄어든다.
1 2 3	나는 연애할 때 상대에게 무심하다는 평을 많이 들었다.
1 2 3	나는 연인이 관심이나 애정을 요구하면 도망가고 싶다.

가장 높은 점수가 나온 항목이 당신의 애착 유형을 나타냅니다.

✔ 1: 안정형
상대에게 애정과 친밀함을 편히 느끼며, 갈등을 쉽게 해결합니다.

✔ 2: 불안정형
상대에게 강한 애정을 보이며 집착하고, 상대의 반응에 매우 민감합니다.

✔ 3: 회피형
상대와의 깊은 유대를 원하지 않으며, 갈등이 생기면 피하려고 합니다.

관계 코칭 원 포인트 레슨

애착 유형에 따라 연인과의 관계 형성, 감정 공유, 갈등 대응 방식도 달라집니다. 따라서 나와 연인의 애착 유형을 알고, 그에 맞게 대처하는 것이 매우 중요해요. 혹시 나의 애착 유형이 불안정형 또는 회피형으로 나와 당황했나요? 혹은 내 연인이 그와 같은 유형이라 좌절감이 들었나요? 절대 좌절하지 마세요. 애착 유형은 변하기도 하고, 좋은 방향으로 관리할 수 있답니다. 지금부터 각 유형별로 어떻게 관리하면 좋을지 친절히 알려드리도록 하겠습니다. 잘 따라오세요!

1. 나의 애착 유형을 온전히 이해하자

앞의 진단을 통해 자신의 애착 유형을 확인했다면, 이제 다음 질문에 답하며 연애할 때 구체적으로 나타나는 모습들을 확인해보세요. 연인과 함께 이야기해보는 것도 좋습니다. 각자의 애착 유형에 기반하여 서로가 기대하는 이상적인 연애, 관계의 거리, 상호 행동을 확인할 수 있어요.

- 연인과의 갈등 상황에서 내가 주로 보이는 행동은?
- 내가 연인에게 가장 많이 하는 말은? 반대로 자주 듣는 말은?
- 연애하면서 나를 가장 힘들게 하는 것은?
- 내가 연인에게 기대하는 것은?
- 지난 연애에서 내가 실패한 이유는?

'돌진'하는 불안정형과 '도망가는' 회피형은 서로에게 강하게 끌리는 경향이 있어요. 하지만 상반되는 스타일의 두 유형이 만나면 서로의 성향이 반작용을 일으켜서 더 돌진하게 만들거나 더 회피하게 만들 수 있습니다. 이 두 유형의 사람들은 안정형 애착 유형인 사람들과 만나면 편안함과 안정된 관계의

관계의 거리

힘을 느낄 수 있습니다.

2. 불안정형 & 회피형 애착 유형의 성공 연애 전략

바로 앞에서 '돌진'하는 불안정형 애착 유형과 '도망가는' 회
피형 애착 유형은 서로에게 강하게 끌리는 경향이 있다고 말씀
드렸습니다. 만일 자신과 연인이 이 두 유형의 만남이라면 각 유
형의 연애 특징을 자세히 파악하고, 불안정형 애착과 회피형 애
착을 다루는 방법을 배워 관계를 현명하게 이끌어가야 합니다.

불안정형 애착 유형의 연애 특징

불안정형 애착 유형인 사람들은 관계가 새롭게 시작될 때
아주 강렬한 불안을 느끼고, 계속해서 불안을 키우는 생각들
을 합니다. 일명 '어쩌지?' 병을 앓고 있는 것이지요. 이를테면
이런 걱정들을 합니다.

- 그/그녀가 내가 사랑하는 것만큼 나를 사랑하지 않으면
  어쩌지?
- 그/그녀가 나에게서 무언가를 숨기면 어쩌지?

- 그/그녀가 나를 속이면 어쩌지?

- 우리가 헤어지면 어쩌지?

- 상대가 나에게 답장을 보내지 않으면 어쩌지?

불안정형 애착 유형이 더 성공적으로 친밀한 관계를 갖기 위해서는 적절한 경계를 설정하고, 다른 사람의 경계를 존중하는 법을 배우는 것이 매우 중요합니다.

나의 불안정형 애착 다루는 방법

① 상황을 과대 해석하지 않기

불안정형 애착 유형은 상대가 "할 얘기가 있어"라고 말을 꺼내면 '이별을 말하려고 하나' 지레 걱정하기도 하고, 상대가 잠시 연락이 되지 않으면 잠수를 타서 영영 나타나지 않는 최악의 상황을 그리기도 합니다. 또 상대가 유독 피곤해 보이면, 자신 때문이라고 생각해 눈치를 보기도 하지요. 하지만 제발 오버하지 마세요!

② 상대에게 기대하는 바를 솔직히 말하기

상대에게 두 사람의 관계에 대해 기대하는 바를 정확히 알

관계의 거리

려주세요. 이를테면 하루 중 연락 횟수, 주중 데이트 횟수, 애정 표현 방법, 화가 났을 때 달래주는 방법 등 내가 이 연애에 기대하고 있고, 상대가 해주기를 바라는 것이 있다면 미리 상대에게 알려주세요.

③ 나를 위한 루틴 만들기

상대의 부재와 상관없이 내가 집중할 수 있는 활동을 정해 꾸준히 시도하세요. 반려견과 산책하기, 책 읽기, 운동하기 등 일정한 시간 동안 할 수 있는 나를 위한 일상의 루틴을 만들어 지속하다 보면 나의 에너지를 높일 수 있어요. 만약 상대와의 관계에서 불안한 상황을 마주했다고 해도, 평소 내가 정해놓은 루틴 활동을 마친 뒤에 어떻게 행동을 할지 결정해도 늦지 않아요.

④ 전화번호 지우지 않기

불안정형 애착 유형은 상대에게 화가 나면 갑자기 단답형으로 말하기, 프로필 사진 변경하기, 상대방 연락 모른 척하기 등의 스킬을 선보이고, 심지어 애꿎게도 상대의 전화번호를 삭제하거나 차단하기도 합니다. 그리고 이런 행동들로 만들어진 불안으로 인해 혼자만 전시 상황에 돌입하여 그 불안 속에서 떨곤 하지요. 어차피 다시 저장하게 될 전화번호, 귀찮게 지우지 마세요. 제발요!

상대의 불안정형 애착에 대응하는 방법

위와는 반대로 당신의 연인이 불안정형 애착 유형일 경우, 아래의 세 가지 방법으로 연인의 불안함을 줄여주도록 합니다.

① 늘 똑같이 행동하기

불안정형 애착 유형인 상대에게는 언제나 일관성을 지켜서 행동하여 상대가 혼란스럽지 않도록 도와주세요. 이를테면 매일 밤 전화 통화를 나누다가 어떤 날은 피곤하다며 문자로 굿나잇 인사를 남기지 말아야 합니다. 혹은 늘 사랑한다는 말로 전화를 끊었는데 어느 날은 그 말을 생략한 채 무덤덤하게 잘 자라고 하면서 전화를 끊어도 안 돼요.

② 수시로 애정 표현해주기

어쩌다 한 번으로는 부족해요. 상대에게 사랑한다고 자주 이야기해주세요. '이렇게 자주 말해야 하나?' 싶을 만큼 사랑한다는 표현을 많이 해주세요.

③ 떠나지 않는다고 안심시켜주기

상대가 불안정형 애착 유형이라면 말다툼과 같은 작은 충돌만 생겨도 곧 이별이라고 생각할 수 있어요. 싸우더라도 우리가 헤어지지 않는다는 것을 분명히 말해줘서 안심시켜주세요.

회피형 애착 유형의 연애 특징

회피형 애착 유형인 사람들은 관계가 가까워질수록 불안함을 느낍니다. 애초에 쉽게 곁을 내주지도 않고, 다가가려 할수록 점점 멀어지니 깊은 관계로 발전하기가 참 어려운 유형이지요. 이들은 수없이 '제발'을 외친답니다. 바로 이렇게요.

- 제발 더 다가오지 마세요!
- 제발 선 넘지 마세요!
- 제발 저를 그냥 혼자 놔두세요!
- 제발 속속들이 알려고 하지 마세요!

회피형 애착 유형은 감정과 표현을 공유하는 연습을 통해 함께 만들어나가는 관계가 안전하다는 것을 느낄 수 있도록 해야 합니다.

나의 회피형 애착 다루는 방법

① 커밍아웃 하기

감정을 자유롭게 표현하는 것이 어려운 일이라는 것을 상대에게 솔직히 공유하세요. 당신을 좋아하는 사람이라면 "그래서 어쩌라고?" 반문하지 않을 거예요. 그래도 상대가 이해하지 못할까 봐 염려된다면 "나는 감정 표현이 익숙한 사람이 아니라서 서툴러. 지금까지 이런 적이 없어서 더 어렵게 느껴져. 내가 노력할 테니 조금 기다려줄 수 있어?"라고 부드럽게 말해보세요.

② 애정 표현하기

당신도 마음속으로는 상대에 대한 애정을 느끼고 있지요? 그렇다면 지금부터는 그 마음을 행동으로 보여주는 연습을 해보도록 합시다. 문자로 대화를 나눌 때 이모티콘을 활용할 수도 있고, 좋아하는 음악을 공유한다거나, 사랑이 담긴 문구를 편지에 적어 보낸다거나, 함께 사진을 찍는 등 부담 없이 시도할 수 있는 작은 행동들부터 시작해보세요. 꼭 거창하고, 로맨틱할 필요는 없습니다.

③ 스킨십 많이 하기

상대와의 작은 스킨십을 늘려나가세요. 눈을 마주치고 대화하기, 머리 쓰다듬기, 손잡기처럼 상대와 신체 접촉을 늘려가며 편안함과 따뜻함을 느껴보세요.

④ 의식적으로 같이 해야 하는 활동하기

혼자 하는 일보다 여럿이 하는 일에 참여해 다른 사람과 함께하는 활동에 나를 노출시키세요. 농구나 축구 같은 팀플레이 운동도 좋고, 회사에서 프로젝트를 진행할 때 새로운 사람과 협력하며 일하면서 연습하는 것도 좋습니다. 또 누군가가 당신을 모임에 초대한다면 거절하지 말고, 의식적으로 수락해보세요.

상대의 회피형 애착에 대응하는 방법

위와는 반대로 당신의 연인이 회피형 애착 유형일 경우, 다음의 방법들로 회피하는 연인을 지켜봐주세요.

① '렛 잇 고Let it go' 전법

회피형 애착 유형인 상대가 자꾸 피하고 도망가려고 한다면, 그냥 두세요! 당신이 뒤쫓아 갈수록 더 멀리 도망갈 테니까요. 차라리 아무 행동도 하지 않고 기다리는 편이 관계의 회복에 더 효과적입니다.

② 그러려니 하기

회피형 애착 유형인 상대의 매사 부정적이고 비판적인 태도는 자칫 나에 대한 공격으로 오해하기 쉽습니다. 상대의 그런 성향을 있는 그대로 이해해주고 인정해주면서 그러려니 하고 너그럽게 넘어가주세요.

③ 수시로 칭찬하고 인정해주기

상대가 무심코 한 행동이 마음에 들었다면 꼭 고맙다거나 좋았다고 얘기해주세요. 상대도 기뻐하는 당신을 보면서 계속 그렇게 하고 싶은 마음이 들 테니까요.

나 혼자만 애쓰는
'을의 연애'
언제까지 해야 할까요?

민아 씨가 장문의 메일로 연애 상담 요청을 했다. 30대 초반 웹디자이너로 본인을 소개한 민아 씨는 결혼을 앞두고 고민이 많다고 하소연했다. 긴 글에서 그녀의 속상함과 혼란스러움이 고스란히 전해져 그녀가 남긴 번호로 연락을 했다.

"코치님, 이렇게 연락주셔서 정말 감사해요! 딱히 얘기할 사람이 없어서 메일 보냈었는데……"

"민아 씨! 우선 반가워요. 메일을 읽어보니 민아 씨가 정말 힘든 것 같아 연락을 드렸어요."

"정말 감사해요! 사실 제가 3년 정도 연애를 한 남자 친구와 내년 봄에 결혼을 계획하고 있었어요. 그런데 아무리 봐도 이렇게 결혼해도 되는지 자꾸 망설여지더라고요.”

“뭐가 가장 걸려요?”

“남자 친구와 저의 관계가 비정상적인 것 같아요.”

“메일에 쓴 것처럼 너무 관계가 일방적이라고 느끼나요?”

“네…… 남자 친구는 별 노력도 안 하는데 저 혼자만 관계를 끌고 가고 있는 것 같아요.”

“예를 들면요?”

“우선 항상 제가 먼저 연락을 해요. 어디서 만날지, 만나면 뭘 할지도 제가 미리 알아봐야만 데이트가 이뤄져요. 남자 친구는 자기 마음에 안 들면 불평하다가 결국은 자기가 원하는 대로 결정하고요. 그러다 보니 남자 친구가 좋아하고, 원하는 것 위주로 모든 활동을 하게 되더라고요. 저는 그저 다 따라주고요.”

“민아 씨가 싫다고 하거나 하고 싶은 걸 더 어필할 수도 있을 텐데요?”

“처음에는 제가 다른 의견을 말하면 남자 친구가 실망하고, 싫어할까 봐 조심스러워서 다 괜찮다고 했었어요. 지금은 제가 양보하는 것이 그냥 편해요. 제가 맞춰주면 서로 큰 소리 안 내고 조용히 지나갈 수 있잖아요.”

“주변 친구들이 두 사람을 보면 주로 뭐라고 해요?”

관계의 거리

"'갑을' 관계요. 남자 친구가 갑, 제가 을…… 친구들은 남친한테 뭐 책잡힌 거 있냐면서 놀려요. 남자 친구가 교대 근무를 해서 통화하기가 좀 힘든 편이라 저는 남자 친구에게 연락 오면 무조건 전화 받거든요. 애들이 그거 알고 더 놀려요."

"정말 혹시 뭐 있는 거 아니에요? 제가 느끼기에도 남자 친구 분과 지금 관계가 너무 불균형해요."

"제가 잡힌 약점이라면…… 제가 더 좋아하는 거? 남자 친구가 과 선배인데 인기도 엄청 많고, 잘생겼거든요. 그래서 제가 먼저 고백해서 만났어요. 전 밀당이 뭔지도 몰라요. 제 친구들은 항상 저한테 '좋아하는 사람이 지는 거다'라면서 제가 길을 잘못 들였다고 하는데 그 말도 맞는 것 같아요."

"남자 친구한테 항상 맞춰주려면 늘 긴장해야 할 텐데, 안 힘들어요?"

"힘들다기보다 불안할 때가 있어요. 서른 중반 되기 전에 저는 빨리 결혼하고 싶어요. 그런데 남자 친구는 자꾸 결혼을 미루고 싶어 해요. 원래 올해 안에 하기로 했는데 갑자기 자기 일이 바쁘니 미루겠다고 통보하듯 말했어요. 그래서 혹시 남자 친구가 결혼하기 싫은 건 아닌가 불안해요."

"어휴! 민아 씨는 내색도 못 했을 거잖아요!"

"네…… 전화로 '괜찮지?'라고 묻는데 전혀 안 괜찮은데 '괜찮아'라고 말하면서 눈물이 나더라고요."

"민아 씨, 남자 친구한테 가장 많이 하는 말이 '괜찮아'죠?"

"어! 맞아요!"

"민아 씨, 그런데 진짜 괜찮아요?"

수화기 너머로 그녀는 한동안 말이 없었다.

"민아 씨! 정말 얼마나 외로워요."

나의 말에 답이 없던 민아 씨는 한참을 흐느끼다 이야기했다.

"코치님, 죄송해요. 제가 외롭다고 느끼는 줄 몰랐는데 그 말 들으니 갑자기 눈물이⋯⋯ "

"민아 씨는 남자 친구를 너무 사랑하니까 민아 씨 나름대로 최선을 다해왔잖아요. 민아 씨한테 받은 사랑만큼 남자 친구도 민아 씨한테 돌려줘야 민아 씨가 외롭지 않을 텐데, 그렇지 않은 것 같아서 이야기를 듣는 나도 너무 안타까워요. 민아 씨, 아까부터 궁금했는데 민아 씨가 외로운데도 이렇게 더 많이 노력하는 이유가 뭐예요?"

"우선 제가 남자 친구를 좋아하는 것은 변함이 없고요. 남자 친구도 저를 사랑해줘요. 그래서 헤어지고 싶지 않아요. 지금 헤어지면 다른 사람하고 또 연애하는 게 쉽지 않을 것 같아요. 이렇게 좋아하는 사람 만나는 것도 불가능할 거고요."

"이 상태에서 결혼하면 민아 씨는 행복할까요?"

"잘 모르겠어요. 말씀 못 드렸는데 결혼하면, 지금 하는 일을 그만둬야 해요."

"민아 씨, 민아 씨가 덜 외롭고 행복해지기 위해서는 을의 연애를 그만둬야 할 텐데 그럴 수 있겠어요?"

"제가 노력하면 을에서 벗어날 수는 있을까요?"

"그럼요. 단, 관계는 혼자 만들어가는 게 아니어서 남자 친구도 갑질을 그만둬야 해요! 같이 노력해볼 수 있겠어요?"

"네네! 방법 좀 알려주세요!"

연인과 나는 서로 동등하게 노력하고 있을까?

상대가 나에 대해 불평, 불만 토로, 지적을 자주 한다. ☐

내 기분이나 감정을 상대에게 솔직하게 말하지 못한다. ☐

최종 의사결정은 주로 상대가 한다. ☐

나는 "다 괜찮아"라는 말을 자주 한다. ☐

나는 연인과의 관계에서 자주 외롭다고 느낀다. ☐

내 일정보다 상대의 일정에 따라 움직인다. ☐

나로 인해 상대의 기분이 나빠질까 봐 긴장한다. ☐

나는 상대가 나를 리드하는 것이 편하다. ☐

나는 내가 솔직하게 말하면 상대가 나를 싫어할까 봐 걱정된다. ☐

나는 상대에게 양보하는 것이 더 편하다. ☐

✔ 1~3개: 윈-윈 하는 연애 중

관계의 균형이 잘 유지되고 있는 중입니다. 앞으로도 서로 윈-윈 하는 관계를 만들어나가세요.

✔ 4~6개: 불균형한 연애 중

점점 관계의 균형이 깨지고 있는 중입니다. '기브 앤 테이크'의 균형을 맞추도록 하세요.

✔ 7~10개: 을의 연애 중

지금 당신은 관계에서 을을 자처하고 있는 중입니다. 무조건 맞춰주는 식의 애정을 잠시 멈추셔야 해요.

관계 코칭 원 포인트 레슨

좋은 관계는 서로가 함께 노력할 때 유지됩니다. 한 사람의 일방적 노력은 두 사람 사이를 갑을 관계로 만들어버리지요. '을의 연애'를 자처하는 분들께 관계의 힘을 되찾는 '을의 유쾌한 반란법'을 소개합니다.

1. 을의 연애를 모니터링하자

'나만 더 노력하는 것 같아', '우리 관계가 뭔가 좀 이상해'라고 막연하게 느껴진다면 아래 질문에 답하며 우리 커플의 현재 상황을 점검해보도록 합니다.

- 누가 더 이 관계에 자신감이 있나?
- 현재 이 관계에서 각자가 지닌 관계 권력 지분을 숫자로 비교해본다면? **[ex]** 3:7
- 우리의 관계는 평등한가?
- 이런 관계는 일시적인 것인가? 바뀔 수 있다고 생각하는가?
- 이상적이라고 생각하는 관계 권력 지분을 숫자로 비교해본다면? **[ex]** 5:5

유독 내가 이 관계에서 '자발적 을'이라고 생각된다면, 실제 일상에서의 행동 패턴에 대한 관찰일지를 써보는 것도 도움이 됩니다. 언제, 어떻게, 무슨 행동을 했는지 기록해보면 객관적으로 나의 행동을 평가할 수 있어요.

2. 갑을 향해 최후통첩을 하자

혼자 애쓴다고 해서 을의 반란을 성공시킬 수는 없습니다. 일방적인 관계, 불균형적인 관계일수록 상대의 관심과 참여가 매우 중요합니다. 현재 이 관계에서 갑의 역할을 하고 있는 상대에게 물어보세요. 관계를 개선해나가는 데에 함께 노력해줄 수 있냐고요. 이때 상대가 '오케이' 했을 때만 다음 단계로 넘어갈 수 있습니다. 만일 상대가 '노'라고 했는데도 그동안에 들인 내 시간을 낭비하는 것 같아 그 관계를 놓지 못한다면, 하루빨리 미련을 떨쳐버리세요. 새로운 사람을 다시 찾는 것이 훨씬 더 빠를 테니까요.

3. "괜찮아!"라는 말은 하지 말자

그동안 상대의 여러 제안들에 "응, 나는 다 괜찮아. 자기가 정해"라는 말을 가장 많이 했을 거예요. 하지만 이제는 내가 원하는 것을 구체적이고 분명히 말하세요. 예를 들어 "오늘 짬뽕 먹을까?"라는 상대의 제안에 "오늘은 내가 메뉴를 정해도 될까?" 내지는 "내가 미리 찾아봤는데 오늘은 여기 가보는 게 어때?"라고 말해보는 거예요. 내 의견을 얘기하는 것이 부담스럽다면 문자로 정리해서 표현하는 것도 좋은 방법입니다. 이때 주의할 점이 하나 있어요. 늘 상대의 의견에 따라줬는데 갑자기 내 주장만 하면 상대가 당황스러울 수도 있겠지요? 그러므로 "자기 생각은 어때?"라고 더불어 물어보면서 상대의 욕구도 함께 챙겨주세요.

4. 'R&R'을 정하자

회사에서 팀 프로젝트를 진행하기 전에 나누는 '역할'과 '책임'을 'R&R Role&Responsibility'이라고 합니다. 역할은 고유의 권한도 함께 갖는데요. 관계에서도 서로의 'R&R'을 정해 관계의 불균형을 조절할 수 있습니다. 더 이상 마냥 을로서 모든 것을 책임지지 않도록요! 예를 들어 커플 여행이 예정되어 있다면 여행 일정 계획은 상대방이, 맛집 검색은 내가 맡는 식으로 역할을 정해 자신이 맡은 역할에 책임을 지는 것입니다.

5. 사랑할수록 독립하자

'더 좋아하는 사람이 지는 거야'라는 말은 사실일까요? 미국 사회학자 윌라드 월터 월러 Willard Walter Waller는 '최소 관심의 원칙principle of least interest'을 제안하며 이 말을 지지했는데요. 관계에 더 관심이 없는 사람일수록 그 관계에 더 많은 힘을 발휘한다는 사실을 연구를 통해 밝혔습니다.

사랑에 빠지면 자신의 모든 에너지를 관계에만 투자해 모든 우선순위가 상대 위주로 바뀌는 사람들이 있어요. 상대와의 결혼을 내 삶의 유일한 목표로 삼는다거나 상대의 성공을 나의 성공으로 여겨 헌신하는 것은 영원한 을로 직행하는 길입니다.

사랑하는 사람과 함께 하고 싶다면 독립하세요! 나의 일과 삶에 대한 투자를 아끼지 말고요. 꾸준히 외모를 관리하고, 커리어를 개발해 자신감을 키운 만큼 관계에서도 평등한 자격을 갖출 수 있어요.

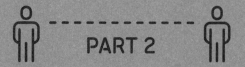

PART 2

관계의 조율

관계에도 선택과 집중이 필요하다

나를 힘들게 하는 관계는 끊으라고 하지만, 그러다
결국엔 내 주변에 남은 사람이 없을까 봐 막상 실행
에 옮기기는 쉽지 않습니다. 내게 맞는 새로운 친구
나 인연을 만나는 것이 나이가 들수록 막막하기만
하고요. 결국 다른 사람들에게 관계의 운명을 맡긴
채 끌려가다가 지칩니다. 이번 장에서는 관계의 주
도권을 내가 갖는 '선택과 집중의 힘'을 다룹니다.

어른은 친구를
어떻게 사귀나요?

"코치님! 인생에서 친구가 세 명만 있어도 괜찮나요?"

"네? 세 명이요?"

"네, 제 인간관계가 너무 좁아서요. 진짜 이렇게 지내도 되는지 요즘 걱정이 많아요."

"인간관계가 고정되어 있어서 염려되는군요?"

"맞아요. 저는 늘 만나는 사람만 만나요. 평일에도, 주말에도, 휴가 때도요. 짬이 나면 그냥 어릴 적 친구들만 만나요. 언제든 편히 볼 수 있는 친구들이 있다는 게 정말 다행스럽긴 한데, 사회생활 갓 시작하자마자 너무 일찍 사람 사귀는 걸 포기한 것 같아서요."

"포기요? 해빈 씨는 새로운 사람들을 만나는 것이 많이 부담스러워요?"

"솔직히 친구를 어떻게 사귀어야 할지 모르겠어요. 대학까지 졸업하니 정말 사회에서 친구 사귀는 게 너무 막막해요. 다들 인맥 관리 잘 해야 한다고 얘기하는데, 저는 애초에 관리할 인맥도 없어요."

"해빈 씨 말을 듣고 보니 우리는 수학 공식은 열심히 배웠어도, 친구를 어떻게 사귀는지에 대해서는 제대로 교육받은 적이 정말 없네요. '친구랑 사이좋게 지내라'는 말은 귀에 딱지 앉을 정도로 들었지만요. 그러니 새로운 친구를 사귀는 게 낯설고 어려운 것이 당연해요. 그동안 해빈 씨는 새 친구를 사귀려고 어떤 노력들을 했었어요?"

"음…… 주말에 동네에서 진행하는 독서 모임에 참여도 해보고, 회사 동아리 활동도 했었어요."

"오! 그래도 여러 시도를 했네요!"

"모임에 나가긴 했는데 항상 그다음이 문제였어요. 뒤풀이를 가서 밥을 먹거나 술자리를 가지면, 제가 유독 긴장하고 그 자리가 부담스럽게 느껴져서 너무 어색한 거예요. 남자 만나는 것도 아닌데요. 웃기죠?"

"그렇죠! 그 낯선 사람들 사이에 흐르는 서먹함은 정말 견디기 힘들죠. '내가 먼저 말할까, 뭐라 말할까' 고민하는 순간들도요."

"어? 코치님도 잘 아시네요! 제가 먼저 말 걸고 관심을 보이면 상대가 '왜 친한 척해?', '이 사람 오버하네'라고 생각할까봐 진짜 겁나요. 상대가 저를 마음에 안 들어 할 수도 있잖아요. 그 마음을 모르니까 쉽게 다가가지도 못해요. 혼자 속으로 긴장하고 어색해서 괜히 핸드폰만 만지작거리고, 대화에 끼려다가 타이밍 놓치면 존재감 없이 듣고만 있기를 반복하죠."

"네, 거절에 대한 두려움이 친구를 만드는 데 큰 걸림돌인건 분명해요. 하지만 내가 좀 들이댔는데 상대 반응이 별로면 '아니면 말고' 이래도 되잖아요. 저는 바쁘다는 핑계로 시간을 안 내기도 했어요. 굳이 안 만나도 연락을 먼저 하거나, 나름대로 관계를 이어가면서 정이 드는 것인데 그런 시간을 내는 것 자체에 인색하니 사람을 제대로 알고, 나를 보여주는 데도 한계가 있을 수밖에 없죠."

"앗, 저도 그래요! 그렇게 모임도 한두 번 가다 말고, 동창이나 동기들 모임은 바쁘다고 하면서 거의 안 나갔어요."

"우리 오늘은 서로 반성만 하고 있네요. 이제 어떻게 하면 새로운 친구를 사귈 수 있을지 당장 할 수 있는 것들부터 얘기해볼까요?"

관계의 조율

나는 새로운 사람을 사귀고 싶어 하는 중일까?

나는 늘 만나는 사람만 만난다. ☐

새로운 사람을 만나고 싶지만 거절당할까 봐 걱정된다. ☐

사람을 어디서 만날 수 있을지 모르겠다. ☐

너무 만나는 사람만 만나서 인간관계에 대한 걱정이 있다. ☐

새로운 사람과 대화하는 것이 어색하다. ☐

새로운 사람을 만나 상처받을까 봐 피하고 싶다. ☐

새로운 사람을 만나기 위한 방편으로 동호회, 북클럽 등에 관심이 있지만, 신청은 못 했다. ☐

코로나19로 새로운 사람을 만날 기회가 더욱 적어졌다. ☐

인맥 관리를 잘 하는 사람들이 부럽다. ☐

새로운 사람을 만날 수 있는 시간도 부족하다. ☐

✔ 1~3개: 욕구 부족 상태

당신은 지금 굳이 새로운 사람을 만나고 싶지 않은 상태입니다. 새로운 관계에 호기심을 가져보세요.

✔ 4~6개: 자신감 부족 상태

당신은 지금 새로운 관계에 대한 욕구는 있지만, 막상 만남을 시도했다가 괜한 상처를 받을까 봐 걱정하는 중입니다. 하지만 너무 겁내지 마세요.

✔ 7~10개: 경험 부족 상태

당신은 지금 새로운 관계에 대한 욕구도 있고, 자신감도 어느 정도 있지만 무엇부터 어떻게 해야 할지 모르는 상태입니다. 서두르지 말고 쉬운 것부터 하나씩 시도해보세요.

관계 코칭 원 포인트 레슨

다음은 새로운 친구를 만드는 4단계의 여정입니다. 단계별 꿀팁도 꼭 기억하세요!

[1단계/마인드 세팅] 자기애를 장착하자

우리는 왜 만나는 사람만 만나고, 새로운 사람을 사귀고 싶어도 주저할까요? 바빠서? 지금의 관계로도 충분해서? 귀찮

관계의 조율

아서? 우리 좀 더 솔직해지자고요! 사실은 '그 사람이 나를 싫어하면 어쩌지?'라는 불안한 마음이 있잖아요. 거절에 대한 두려움과 새로운 관계를 개척하는 불안함은 우리를 주춤하게 만듭니다. 그래서 다른 사람에게 쉽게 다가가지 못하고, 대화 중에도 내 생각이나 감정을 공유하는 것에 신중을 기하지요. 하지만 이제부터는 사람들이 나를 좋아한다고 전제해보세요. '저 사람이 나를 싫어할 것 같아'라는 생각을 '저 사람은 나를 좋아해'로 바꾸는 거예요!

미국 코넬대학교 연구진들은 낯선 사람들끼리 대화하게 한 후 서로에 대한 평가를 하게 했어요. 상대가 나를 어떻게 평가할 것인지에 대해서도 함께요. 그 결과, 대부분의 사람들은 상대가 자신에게 갖는 호감도를 과소평가했다고 합니다. 이 연구 결과를 거꾸로 해석하면, 내가 생각하는 것보다 상대는 나에 대한 호감이 있다는 것이잖아요. 그러니 겁먹지 말고 상대도 나를 좋아할 것이라는 자신감을 장착하고 친근하게 다가가봅시다. 만약 상대 반응이 떨떠름하면 어떻게 하냐고요? 어쩌면 그 사람은 그때 일시적으로 기분이 안 좋았을 수도 있고, 아니면 나보다 더 내성적인 사람일 수도 있어요. 즉, '나를 싫어해서 떨떠름한 거야'라고만 생각하지 마세요. 우리 역시 누군가가 나에게 친근함을 표시했을 때, 상대의 태도를 더 살펴보고 진짜 친해질 만한 사람인지 한 번 더 확인하기도 하잖아요. 상대방도 그런 탐색의 시간을 갖고 있다고 생각하세요.

[2단계/사전 준비] 새로운 인연을 발굴하자

친구를 만들려면 우선 새로운 사람을 만나야 합니다. 그렇다면 새로운 사람은 어디서 어떻게 만날 수 있을까요? 다음은 새로운 사람을 만나는 방법들입니다.

① 지인을 친구로, 관계를 업그레이드하자

코로나19가 종식될 때까지 새로운 사람 사귀기를 마냥 기다리지 말고, 기존의 나의 지인들 중에서 새롭게 관계를 맺어볼 만한 사람을 찾아보는 것도 방법이에요. 학창 시절 동창부터 선후배, 동기들 등 내 휴대폰 안에 이미 많은 사람들의 연락처가 저장되어 있잖아요. 그동안은 평범한 지인이었지만, 어떤 계기를 통해 '베스트 프렌드'로 관계를 업그레이드할 수 있답니다. 친했는데 이사나 취업, 결혼 등으로 연락이 끊긴 친구들이 있다면 먼저 안부를 묻고, 약속을 잡고 만나 이야기를 나눌 수도 있고요. 평소 SNS상에서만 이야기를 나눴다면, 오프라인에서 만나 커피 한잔을 할 수도 있겠지요. 새로운 관계를

관계의 조율

만들어갈 수 있는 기회는 생각보다 가까운 곳에 있어요. 멀리서 찾지 마세요!

② 좋은 사람 있으면 소개시켜줘!

솔로의 외로움에 몸부림칠 때면 주변 사람들에게 '좋은 남자/좋은 여자가 있으면 소개시켜달라'고 부탁하기도 하잖아요. 친구도 그렇게 사귀면 안 된다는 법이 있나요? 내 주변 사람들의 관계망에 있는 다양한 사람들을 소개받아보세요. 지인과 함께 자리를 하며, 자연스레 인맥을 넓히는 방법입니다. 내 인맥 중에 더 다양한 사람을 연결해줄 수 있는 사람이 누구인지 떠올려보세요.

③ 나이는 숫자일 뿐, 나이 제한을 없애자

'친구'라고 해서 반드시 동갑이거나 또래일 필요는 없어요. 나이가 많은 친구는 안정적인 느낌뿐만 아니라 또래와 다른 조언과 관점을 제공해줄 수 있고, 나보다 어린 친구는 새로운 에너지를 줄 수도 있습니다. 나이로 친구의 범위를 한정하지 말고, 새로운 모임이나 동호회에서 다양한 세대와 이야기를 나눌 수 있는 기회를 찾으세요.

④ 계속 눈에 띄어라

사회심리학자 레온 페스팅거Leon Festinger는 기숙사에 머무르는 대학생들의 관계에 대한 연구를 했습니다. 그 결과, 다른 층에 있는 방의 학생들보다 옆방에 있는 학생들끼리 친구가 될 가능성이 더 높다는 사실을 발견했습니다.

즉, 우정을 발전시키기 위해 우리는 반복해서 대면하며 상호작용해야 합니다. 따라서 정기적으로 사람들과 마주칠 방법을 찾으세요. 예를 들어 동호회에 꾸준히 나간다거나, 매일 같은 시간과 장소에서 커피를 마신다든가 하는 것처럼요. 아마 그렇게 오며 가며 만나는 사람들 중에 누군가는 당신을 관심을 갖고 지켜보고 있을지도 모릅니다.

[3단계/실전] 매력적인 사람이 되자

다음은 첫 만남 후 관계를 지속해나가면서 상대에게 나를 계속 보고 싶고, 궁금한 사람으로 어필하는 방법들입니다.

① "그 일은 잘 했어요?" - 대화 리뷰하기

상대와 대화를 나눴던 주제와 세부 내용을 기억해 언제 만나도 화제를 이어갈 수 있도록 하세요. 내 얘기를 잊지 않고 기억해준 사람을 우리는 더 친근하게 느끼잖아요. 한두 번의 리뷰만으로도 "나 너한테 관심이 있어. 우리 친구 하자"라는 말을 하지 않고도 상대에 대한 나의 관심을 보여줄 수 있어요.

② "주말에 뭐 해요?" - 계획 공유하기

상대가 주말, 연휴, 휴가 등 여가 시간을 어떻게 보내는지 관심을 갖고 계획을 물어보세요. 자연스럽게 같이 할 수 있는 활동이 있거나, 함께 계획을 세워 다음 만남을 이어갈 수 있습니다. 여가 시간을 보내는 방식을 통해 상대의 평소 모습을 더 잘 이해하게 되는 것은 덤이고요.

③ '잠금 모드' 해제하기

소심하고 말주변이 없어 친구를 잘 못 사귄다고요? 그렇다면 혹시나 내가 행동과 표정으로 상대의 접근을 미리부터 차단하고 있는 것은 아닌지 점검해보세요. 이를테면 어색한 분위기가 감지되면 자기도 모르게 핸드폰을 손에 쥐고 검색을 하거나 급하지도 않은 문자를 주고받는 습관을 가진 분들이 계신데요. 누군가와 함께 대화를 나눌 때는 가급적 핸드폰은 만지지 마세요. 귀에 꽂은 이어폰도 빼서 잠시 가방에 넣어둡니다. 핸드폰과 나와의 거리가 멀어질수록 상대방과의 대화 집중도는 높아집니다. 어색함 때문에 팔다리를 어디에 둘지 몰라서 다리를 꼰다거나 팔짱을 끼는 행동도 자칫 상대에게는 방어적인 태도로 보일 수 있습니다.

[4단계/유지] 꾸준히 체크인 하라

미국 캔자스대학교의 제프리 홀Jeffrey Hall 교수의 연구에 따르면, 단순히 아는 사람에서 평범한 친구가 되기까지는 약 50시간이, 베스트 프렌드가 되기까지는 200시간이 걸린다고 합니다. 시간을 투자해야 우정이 더 발전한다는 의미겠지요. 그런데 시간이 없다고요? 너무 바빠서 여유가 없다고요? 바빠도 친구를 만들기 위한 시간을 내는 팁을 소개합니다. 바로 업무를 계획하고 성취하는 과정처럼 친구와의 시간도 달력에 미리 체크해두고 계획해두는 겁니다. 말로만 "밥 한번 먹자" 하면서 헤어지지 말고, 구체적으로 언제 어디서 만날지 정한 후에 헤어지세요. 회사 근처에 있는 사람이라면 점심시간을 활용할 수도 있고, 쇼핑, 산책, 운동 등 혼자 해오던 일상의 여가 활동을 친구와 함께 한다면 친구와 만나기 위해 따로 시간을 내야 하는 압박감에서 벗어날 수 있을 거예요.

관계의 조율

꼴 보기 싫은 동료랑
계속 일하려면
어떡하죠?

오랜만에 소리와 맥주를 한잔했다. 소리는 나와 4년간 함께 일하다가 이직해 지금은 스타트업에서 잘나가는 교육 매니저다. 마지막으로 만났을 때 소리가 한참을 열 받아 하며 쏟아낸 후임 얘기가 궁금해서 나는 그것부터 물었다.

"그때 그 속 썩이던 후임은 어떻게 됐어?"

"내가 말 안 했나? 한바탕 다 뒤집어놓고 퇴사!"

"그럼 이제 편안해졌겠네?"

"언니, '또라이' 질량 보존의 법칙 몰라요?"

"새로 뽑았는데 또 이상한 사람 들어온 거야?"

"그때 그 후임은 일이라도 잘했지. 얘는 정말 노답이에요! 일도 못해, 개념도 없어. 진짜 생각만 해도 스트레스!"

소리는 오만상을 찌푸리며 머리를 움켜쥐었다.

"야, 너 눈빛까지 흔들리는 거 보니 정말 거슬리나 본데?"

"거슬리는 정도가 아니라 진짜 꼴도 보기 싫어요!"

"완전 강적이네! 지난번에는 이 정도까지 아니었던 것 같은데!"

"문제는 내가 맡은 일을 같이 하게 돼서 싫어도 무조건 데리고 일해야 하는 상황이에요. 진짜 한번씩 얘기하고 나면 기 빨리고 짜증 나서 소화도 안 되고, 머리가 지끈지끈거려요."

"그런 후임이랑 같이 손발 맞춰서 일하려면 진짜 엄청난 인내심이 필요하긴 하겠다!"

"그러니까요. 자꾸 이렇게 불편한 인간들이 꼬이니까 나한테 문제가 있나 싶어요. 경력도 많고 나이도 많은데, 내가 이해심이 부족한가?"

"아냐, 나도 그 기분 알 것 같아. 감정적으로 대처하고 이성적이지 못했던 건 결국 자책하게 되잖아. 우리, 같이 일했던 첫달 생각난다. 우리도 서로 불편한 관계였잖아! 그것도 엄청!"

"서로 민망하게 뭘 지난 얘길 해요! 그때 진짜 최악이었잖아, 우리!"

정말 그랬다. 소리와 나는 처음 만났을 때 사소한 오해로 한달 동안 냉전이었다. 말도 섞지도 않았고, 인사도 나누지 않았으며, 서로 견제하기에 바빴다. 당시 선배들조차 우리 둘 사이가 살벌해서 말을 걸지 못할 정도였다. 아마 그 당시 나와 그녀의 친구들은 우리들의 하소연을 듣는 데 지쳤을 것이다.

"그때 우리는 어떻게 잘 해결된 거지?"

"서로 솔직하게 대화하면서 오해 풀었잖아요. 그 대화가 신의 한 수였지."

"그렇게 미워하던 나도 이렇게 절친으로 만들었는데, 지금은 뭘 그렇게 걱정해?"

"아, 언니! 얘는 그냥 대화가 안 된다니까! 벌써 나 말고도 팀원들 몇 명이 다 질려서 포기 상태예요."

"에휴! 사람이 싫으면 어디 답이 있니…… 남들은 '무시해버려라' 하고 쉽게 얘기해도 감정적으로 절대 쉽지 않지. 나도 매일매일 고비다!"

"언니도요? 언니는 어떻게 해결해요?"

"나가달라고 사정할 수도 없고, 그렇다고 내가 나갈 수도 없고. 처음에는 무기력했는데 이제는 인정해버렸어. 싫어도 무조건 매일 보고, 같이 일해야 하는 관계라는 걸. 너처럼 평생 언니 동생 하며 지낼 것도 아니고 그냥 비즈니스 관계라고. 굳이 적까지 될 필요 있나. 그냥 딱 일만 하고 헤어지는 관계로 정리하고 마음을 비우니 편해졌어."

"언니는 경지에 오른 거 같은데? 나 진짜 스트레스 좀 받지 않고 얘랑 일하고 싶은데 그 비법 나도 좀 알려줘요!"

셀프 체크

나는 싫어하는 사람과 일하며 얼마나 스트레스를 받고 있을까?

나는 직장 내에 유독 불편한 사람이 있다. ☐

그 사람에 대해 생각하면 짜증 난다. ☐

동료들과 그 사람에 대해 뒷담화를 하기도 한다. ☐

그 사람과 함께 일하는 것을 피하고 싶다. ☐

퇴근 후에도 그 사람으로 인해 짜증 나고 불쾌한 감정이 지속된다. ☐

그 사람이 하는 모든 행동이 거슬린다. ☐

그 사람 때문에 퇴사하고 싶은 욕구가 든다. ☐

그 사람에 대해 주변 친구나 가족에게 불만을 토로한 적이 있다. ☐

그 사람의 행동이나 태도를 이해할 수가 없다. ☐

그 사람의 문제 행동 및 그 사람과의 불편한 관계에 대해 상사에게 보고한 적이 있다. ☐

✔ 1~3개: 정상

문제될 것이 없는 상태입니다. 혹시 직장 내에 거슬리는 사람이 있다면 신경 스위치를 차단하세요.

✔ 4~6개: 잠재적 스트레스 상태

당신은 현재 잠재적으로 스트레스가 쌓여 있는 상태입니다. 쌓아두지 말고 적절하게 해소할 수 있는 방법을 찾아보세요.

✔ 7~10개: 고위험 스트레스 상태

당신은 현재 함께 일하는 사람과의 업무로 굉장한 스트레스 상태입니다. 높은 스트레스 상태는 심신에 매우 부정적인 영향을 끼치는 만큼 적극적으로 해결책을 찾으셔야 해요.

관계 코칭 원 포인트 레슨

　회사에서 불편하거나 싫어하는 동료와 함께 일해야 하는 상황은 내 의지대로 피할 수 없습니다. 다음은 불편하거나 싫어하는 동료와 적절한 거리를 확보하고 감정을 잘 조율하여 스트레스를 받지 않을 수 있게 해주는 쿨한 행동 강령들이니, 꼭 기억하세요.

관계의 조율

1. 모든 동료들과 잘 지낼 수 없음을 인정하자

'일은 힘들어도 사람 때문에 힘들고 싶지 않다!' 이것을 지키기 위해 우리는 모든 사람과 적당히 잘 지내려 애씁니다. 하지만 사회생활을 하다 보면 어김없이 나랑 맞지 않거나, 이해할 수 없는 사람들을 만나게 되는데요. 이때 모든 사람과 잘 지내야 한다는 압박감이 클수록 내가 사회생활 스킬이 부족한 것은 아닌지, 자꾸 죄책감을 갖게 됩니다.

하지만 모든 동료들과 잘 지내지 못한다는 자책과 아쉬움은 버리세요. 죄책감을 없애면 일에 더 집중하게 되고, 불편한 사람에 대한 감정적 반응에는 에너지를 덜 쏟게 됩니다. 직장 내 인간관계의 핵심은 그 사람에 대한 호감 여부와는 별개로 회사의 목표를 함께 달성하는 파트너로서 상대와 협력해야 한다는 사실을 인정하는 것입니다. 즉, 불편하거나 싫은 사람과 친한 친구가 될 필요가 없어요. 그렇다고 굳이 적이 되어 맞설 필요도 없습니다.

2. 문제 행동의 패턴을 찾아 미리 차단하자

나를 불편하게 만드는 동료의 평소 의사소통 스타일이나 일하는 방식을 지켜보며 패턴을 찾아내세요. 그 패턴을 알아차리면 상대와 정서적 충돌을 피할 수 있습니다. 예를 들어 A대리가 동료들의 요청이나 약속은 모른 척하면서 상사의 요청에는 매우 민감하게 반응한다고 해볼게요. A대리가 상사의 인정과 피드백을 중요하게 생각한다는 것을 발견했으니 소통할 때 상사도 메일에 참조로 넣습니다. 간접적으로 상사를 업무 과정에 개입시키는 것이지요. 그러면 굳이 상대에게 내가 얼굴을 붉히며 매달리고 졸라가면서 일을 하지 않아도 되겠지요. 또한 그가 유독 평가와 공정성에 민감하게 반응한다는 것을 발견했다면, 그 주제에 대한 언급을 피하는 것도 방법이겠지요. 문제 행동을 사전에 알고 미리 차단하면 '나한테 한번 해보자는 것인가'라며 과잉 반응하지 않고 침착하고 냉정하게 사람과 행동을 구분할 수 있게 됩니다. 죄를 미워해도 사람은 미워하지 말라는 거룩한 말씀처럼 그를 미워하는 데 에너지를 쏟지 않게 될 거예요.

3. 사람은 고쳐 쓸 수 없다고 하니, 내 마음을 고쳐먹자

내가 트러블 메이커를 변화시킬 수 있다는 환상은 던져버리고, 그들에게 반응하는 내 마음만 통제하세요. 보통 처음에는

'내가 이렇게 해주면 그 사람도 달라지겠지?' 하는 순진하고 선한 마음으로 인내심을 갖고 '어르고 달래기 기법'을 사용하곤 합니다. 하지만 효과가 있던가요? 아니면 동정심에 호소하며, 함께 문제를 해결하기 위해 이 악물고 애쓴 대화들이 의미가 있었나요? 안타깝게도 상대는 내 기대만큼 달라지지 않았을 겁니다. 당신의 한마디로 바뀔 트러블 메이커였다면, 문제 행동들을 애초에 하지 않았을 테지요. 호기롭게 시작한 '트러블 메이커 갱생 프로젝트'는 시간이 흘러 '내가 이렇게까지 했는데 안 되네'라는 새드 엔딩으로 끝나며 당신의 마음속에 좌절과 깊은 '빡침'만 남길 거예요. 자, 이제부터는 트러블 메이커가 아니라 내 마음에 집중해 그의 행동으로부터 내가 어떤 감정을 느끼고, 어떤 행동을 할지 선택하는 연습을 하세요. 다행히 내 마음은 내 것이니 내가 알아서 컨트롤할 수 있잖아요! 다음은 이럴 때 도움이 되는 세 가지 훈련 방법입니다.

① 퇴근 후 무조건 '로그아웃' 하기

퇴근 후 친구들과의 술자리나 가족과의 대화에서 트러블 메이커가 계속 등장하고 있지는 않은가요? 혹은 일요일 밤이 되면 내일부터 '그 인간' 얼굴을 볼 생각에 짜증 나지는 않나요? 하지만 이것은 여러분의 24시간 일상에 그 사람이 침입

하는 것을 허용한 셈입니다. 즉시 쫓아내세요! 대신 운동을 하거나 유튜브를 보거나 하는 등 생각과 분노가 차단되는 다른 활동을 하세요. 퇴근할 때 컴퓨터를 로그아웃 하는 동시에 해로운 사람에 대한 관심도 꺼야 합니다. 계속 그 상황과 감정에 스스로를 놓아두지 마세요. 그들은 아무 걱정 없이 밥 먹고 술 마시고 발 뻗고 자고 있을 테니까요! 그들은 당신이 백날 분노해도 절대 신경 쓰지 않습니다.

② 반면교사 삼기

'반면교사'라는 말, 많이 들어보셨을 겁니다. 부정적인 부분으로부터도 배움이나 깨달음을 얻는 것이잖아요. 트러블 메이커의 행동을 통해 고상한 깨달음을 얻는 경지까지는 아니어도 불평에 맞서 조금이라도 나한테 도움이 되는 쪽으로 생각하면 좋잖아요. 이런 식으로 연습해봅시다.

[ex]
- "저 인간 짜증 나!"
  ⇒ "참, 안됐다. 안타까워."
- "왜 하필 저런 사람이 동료야?"
  ⇒ "와, 정말 다행이야. 나는 저렇게 하지 말아야지."

관계의 조율

③ 감정 빼고 로봇처럼 말하기

싫어하는 사람과 대화할 때 감정을 배제하고 이야기하는 것은 참 어렵습니다. 표정, 눈빛, 태도에 불편한 감정이 드러나기 때문입니다. 그럼에도 직장 내 관계에서 우리는 프로가 되어야겠지요? 나를 프로로 만들어줄 담백한 '로봇 소통법'을 기억하세요.

- 아무리 화나도 인신공격은 절대 하지 말기

  [ex] "원래 성격이 이상해요?", "왜 그렇게 일을 못해요?"

- '우리'라는 말 사용하기

  [ex] "우리가 이 문제를 어떻게 해결하면 좋을까요?"

- 일대일 대화 피하기

  [ex] 메일로 협조 및 요청을 할 때는 상사에게도 참조로 보내거나, 팀 회의나 단체 채팅방에서 공론화해두기

애인과 돈 얘기
자연스럽게 하는
방법이 있나요?

　대학 동기들과 1차로 소주에 삼겹살을 먹고, 2차로는 맥주를 한잔하러 근처 호프집에 갔다. 안주도, 술도 다 떨어질 때쯤 우리 모임의 총무 원희가 핸드폰 계산기를 두드리며 말했다.

　"오늘 1, 2차 합해서 18만 원이야. 총 네 명이니까 깔끔하게 사만 오천 원씩 나한테 지금 쏴줘! 단톡방에 계좌번호 찍었다!"

　각자의 폰으로 돈 보내기에 열중하던 그때, 성진이가 혼잣말처럼 말했다.

　"여자 친구하고도 이렇게 더치페이 하면 정말 좋겠다……"

　"너 아직도 데이트 비용 문제, 해결 못했어? 그때 말한다고 했잖아."

관계의 조율

성진이는 지난 1년간 사내 커플인 여자 친구와 데이트 비용 문제로 스트레스를 받아왔다. 그녀는 월급도 성진이만큼 받고 있었고, 형편이 어려운 것도 아닌데 남녀 8:2 정도로 데이트 비용을 부담해 성진이의 부담과 불만이 점차 커지고 있는 상황이었다.

"슬쩍 돈 얘기를 꺼냈더니 나한테 돈 쓰는 게 아깝냐고 하면서 어찌나 서글퍼하던지…… 사실 애인 사이에 돈 얘기하기가 진짜 좀 그래. 말 안 하자니 짜증 나고, 또 말하자니 내가 조잔하게 보이는 것 같고, 너무 계산적인 것 같아서 싫고."

"너네도 차라리 커플 통장을 만들어. 한 달 데이트 비용을 약속된 날짜에 똑같이 넣고 같이 쓰는 거야. 요즘 커플 통장 관리하는 앱도 많아서 편해!"

"처음에 각자 돈 내자고 어떻게 말을 꺼내? 어휴, 생각만 해도 스트레스다."

원희의 솔루션이 성진이에게는 시도조차 부담스러운 듯했다.

"처음에는 당연히 껄끄럽지. 하지만 장기적으로 보면 자금을 같이 관리하니 좋아. 그리고 내 돈이 들어가서 둘 다 돈을 막 못 써. 모으는 재미도 있고. 계속 꿍하게 있는 것보다 그게 낫지 않아?"

"헤어지면 그 돈은 또 어떡해?"

"뭘 어떡해? 정확히 반반씩 나눠야지. 나는 전 남친이랑 헤어지는 자리에서 1원까지도 나눠 가졌어. 결혼하면 돈 때문에 더 힘들어. 지금부터 연습한다고 생각해봐."

힘 빠지는 돈 얘기에 어깨가 축 쳐져 더욱 피곤해 보이는 성진이가 진짜 고민을 토로했다.

"사실 내 고민도 그거야. 우리 나이에는 이제 연애만 하려고 만나는 게 아니잖아. 이 사람이랑 결혼까지 생각하면 더 답답해. 돈 씀씀이나 돈에 대한 가치관이 나랑 많이 다르니까. 나는 국밥 먹어도 충분한데 여자 친구는 꼭 파스타 먹어야 하고, 나는 취미 생활도 돈 안 드는 마라톤 하는데 여자 친구는 스쿠버다이빙 하러 다니고. 누가 맞고 틀리다는 게 아니라 이렇게 다른데 결혼생활이 되려나 싶은 거지. 돈은 또 어떻게 모으고."

"맞아. 경제관도 정말 결혼생활 하는 데 중요하지. 결혼 준비하면서부터는 온몸으로 더 실감할 거야. 양가 부모님들 가세에, 집 장만, 혼수, 결혼식 비용까지…… 어휴……"

"원희는 경제학과 출신이라 문제없지 않아?"

"야, 너 지금 장난하냐? 경제학이 밥 먹여주냐? 경제학 관점에서면 나는 파혼했어야 해. 손실이 너무 크니까. 신혼여행 가서 첫날밤에 남편이 고백했어. 자기 빚 있다고."

"와, 대박! 왜 진작 말 안 했대?"

아무도 몰랐던 원희의 숨겨진 결혼 뒷이야기에 술자리에 있던 모두가 놀랐다.

"안 한 게 아니라 못 한 거지. 그렇게 질질 끌다가…… 결국 첫날밤에 말하다니, 진짜 최악이지?"

"으악! 내 남자 친구도 빚 있으면 정말 어떡하지? 나 진짜 그럼 결혼은커녕 연애도 못 할 것 같은데. 요즘 같은 때 그런 사람이랑 언제 돈 모아서 집을 사냐고……"

세아는 남은 술을 벌컥벌컥 들이마셨고, 우리는 모두 다 침울해졌다.

나는 연애 관계에서 돈 문제에 얼마나 민감할까?

돈에 대해 애인과 이야기하는 것이 껄끄럽다. ☐

"나한테 돈 쓰는 게 아까워?"라는 말을 하거나 들은 적이 있다. ☐

상대보다 내가 돈을 더 많이 쓰는 것 같아 짜증 난 적이 있다. ☐

연애 관계에서 돈 문제를 겪은 적이 있다. ☐

돈 얘기만 하면 상대와 자주 싸운다. ☐

상대에게 숨기고 싶은 재정 상황이 있다. ☐

경제관이 맞지 않으면 헤어져야 한다고 생각한다. ☐

상대의 경제관에 대해 잘 알지 못한다. ☐

돈 때문에 데이트하기 꺼려진 적이 있다. ☐

결혼 후 내가 돈 관리를 하고 싶다. ☐

✓ 1~3개: 보통

아직까지는 괜찮지만, 돈 문제로 인한 트러블의 사전 예방을 위해 적절한 타이밍을 찾아 상대와 이야기해보세요.

✓ 4~6개: 조금 민감한 편

돈 문제가 두 사람 사이에서 점점 더 커지는 불화의 불씨가 될 수 있으니 미루지 말고 대화를 나누세요.

✓ 7~10개: 매우 민감한 편

연인과 돈 문제로 인해 곧 커다란 위험이 터질 것 같은 상태입니다. 상대와 지금 당장 허심탄회하게 이야기를 나누세요.

관계 코칭 원 포인트 레슨

커플 사이에 돈 이야기만큼 섣불리 꺼냈다가는 본전도 못 찾는 화제는 없습니다. 연인과 너무 무겁지도, 너무 가볍지도 않게 함께 돈 이야기를 솔직하게 나누는 방법을 소개합니다.

1. 돈 얘기는 금기시하지 말고, 미루지 말자

커플에게 돈을 주제로 한 대화는 서로의 과거사만큼이나

자주 금기시되곤 합니다. 한번 제대로 얘기를 하고 싶어도 혹시나 계산적으로 보이지는 않을까, 서로 실망하거나 실망을 주지는 않을까, 또 아직은 가볍게 만나는 사이인데 이렇게까지 이야기할 필요가 있을까 하는 등등의 핑계로 돈 이야기하기를 미룹니다. '나중에 어찌어찌 되겠지'라면서요. 하지만 진짜 돈 문제가 생길 때까지 기다리게 되면, 감정적으로 불안하고 급한 상황에서 이야기를 해야 하니 정상적인 대화가 힘들어집니다. 때가 이미 늦은 것이지요.

돈에 대한 대화는 오히려 서로에 대해 더 잘 알고, 이해하는 좋은 계기가 될 수 있습니다. 물론 숨기고 싶은 개인의 취약함이 드러날 수 있지요. 돈을 둘러싼 가정환경, 사업 실패, 빚 등의 숨은 이야기를 해야 하거나, 들을 수도 있으니까요. 생각지도 못한 상대의 빚이나 열악한 재정 상태는 당장에 실망감과 당황스러움을 안길지도 모릅니다. 하지만 최악은 이와 같은 돈 문제를 숨길 때 아닌가요? 비난이 아닌 해결책에 집중하면 돈 이야기를 나누면서도 서로 간의 신뢰를 함께 쌓을 수 있어요. 자, 이제 피하지 않고 대화를 시도할 준비가 되었다면, 다음의 질문들을 참조해서 상대와 돈에 대한 이야기를 나눠봅시다.

- 돈과 인간관계에 대해 어떻게 생각하나요?
- 돈 관리는 어떻게 하고 있나요?
- 돈 관리는 누구에게 영향을 받았나요?
- 대출이나 빚이 있나요?
- 돈이 생기면 주로 쓰는 편인가요, 저축하나요?
- 가장 많은 지출 항목은 무엇인가요?

2. '머니 밸런스 게임'을 해보자

커플 사이에 돈은 데이트 활동, 식사 메뉴 선정을 넘어, 결혼 후 의식주를 비롯한 모든 의사결정에 가장 큰 영향을 주는 부분입니다. 그만큼 평소 돈에 대한 가치관을 공유하고 이야기하는 것이 중요합니다. 여러분은 돈을 어떻게 생각하나요? 미국 금융심리학자 브래드 클론츠Brad Klontz 박사 연구팀은 사람들이 보이는 돈에 대한 네 가지 공통된 태도를 확인했다고 해요. 바로 '숭배', '회피', '경계', '지위'인데요. 나의 돈에 대한 평소 생각은 어디에 속하는지 한번 체크해보세요.

- **숭배**: 돈은 많을수록 좋지만, 평생 얼마나 벌겠어?
- **회피**: 돈 다 필요 없어! 돈이 문제야.

- **경계**: 단 10원도 아껴야 잘살아. 돈 얘기는 비밀!
- **지위**: 돈이 많아야 무시당하지 않아.

자, 그럼 나의 파트너는 어떨까요? 너무 진지해서 부담스럽다고요? 보다 재미있고, 가볍게 알아볼 수 있는 방법이 있어요! 요즘 유행하는 '밸런스 게임balance game'의 형태로 전환해서 해보는 거예요. 밸런스 게임의 묘미는 고르기 어려운, 다소 극단적인 형태의 두 가지 선택지 중 하나를 택하는 것이잖아요. 재미도 있으면서 슬쩍 상대의 평소 생각도 알아볼 수 있는 '머니 밸런스 게임'을 해보세요. 적절한 문항이 생각나지 않을 때는 '만약에'를 맨 앞에 넣어 질문을 만들어보세요. 이를테면 '만약에 우리 둘이 결혼하면 돈 관리는 누가 할까?' 하는 식으로요. '만약에'로 시작하는 질문은 호기심과 상상력을 자극하는 미래형 질문이기 때문에 대답을 하는 데 부담을 줄여줍니다.

[ex]
- 밤낮없이 일하고 40세에 은퇴 vs. 인생 즐기면서 80세까지 일하기
- 10억 대 자산가이지만 백수와 결혼 vs. 현재 전 재산이

1,000만 원인 전문직과 결혼

- (주식 하락장에서) 다시 오를 때까지 무조건 '존버' vs. 당장 '손절'

3. 윈-윈 하는 공동 목표를 세우자

나와 다른 상대의 경제관을 존중하며 갈등을 줄이려면, 우리 커플의 재정 장기 목표를 함께 세우는 것이 좋습니다. 연애 중이라면 이를테면 휴가 계획, 특별한 날을 기념하기 위한 공연 관람, 명품 운동화 커플템 구입 등을 위한 재정 목표가 필요하겠지요. 부부라면 결혼식부터 내 집 마련, 육아, 커리어, 은퇴, 학업 등 앞으로 다가올 인생의 이벤트 준비에 대해 함께 생각하면서 '우리'의 공동 목표를 만드세요. 공동 목표를 설정하면 그 목표를 이루기 위해 월별, 분기별, 연도별로 개인과 공동의 돈을 실질적으로 어떻게 쓰고 관리해야 하는지 자연스럽게 계획을 세울 수 있게 됩니다. 당장 지출을 줄여야 하는 상황이라면, 데이트 식비를 한 달간 줄이는 방법도 있을 것이고, 각자 저축을 더 많이 하는 방법도 있을 것입니다. 또 주기적으로 공동 목표의 달성을 위해 불필요한 것에 돈을 많이 지출하고 있지는 않은지도 함께 점검합니다.

4. 데이트 통장을 만들어 현명하게 쓰자

데이트 통장 개설 여부를 고민 중이라면 다음의 내용을 참고해서 연인과 데이트 통장을 만들어 사이좋게 관리해나가보세요.

① 데이트 통장 만들기

아래의 내용 중 단 하나라도 고민한 적이 있다면, 당장 커플이 함께 공유하는 데이트 통장을 만드세요.

- '나한테 돈 쓰는 것이 아까워?'
- '왜 나만 더 돈을 많이 쓰지?'
- '한 달 데이트 비용이 너무 많은데?'
- '매번 상대가 좋은 것을 사주는데, 나는 그만큼 못 사줄 것 같아 부담스러워.'
- '매번 돈 걱정하면서 만날 수도 없고, 어쩌지?'

② 우리 커플의 CFO 임명하기

어떤 모임이든 회비를 관리하는 총무가 있고, 조직에는 자금을 관리하는 최고재무책임자CFO, Chief Financial Officer가 있습니다. 우리 커플의 데이트 비용, 결혼 후에는 자산을 관리할 CFO를 두 사람 중에 정하세요. 돈을 더 많이 버는 사람이 CFO를 하면 될까요? 아닙니다. 돈 관리를 꼼꼼히 잘하는 사람이 CFO 역할을 하면 됩니다. CFO는 통장 개설, 비용 정산 및 공유를 해주면 되고요. 참 쉽죠?

③ 입금액, 시기, 사용 방법, 규칙 정하기

무조건 5:5로 공동 비용을 나누어 낼 필요는 없습니다. 그보다는 서로의 경제 상황을 고려해 각자의 한 달 입금 금액을 정하고, 정해진 날짜에 꼬박꼬박 입금하는 규칙이 더 중요합니다. 데이트 비용의 사용 범위도 정해야 하고요. 이를테면 데이트 통장의 돈은 식사비, 영화 관람료 등 데이트할 때 들어가는 비용에만 쓰고, 서로에 대한 선물 등을 살 때는 사용하지 않는다는 식으로요. 직장인 커플이라면 연말정산에 대해서도 미리 이야기하는 것이 좋아요. 연말정산도 누가 할 것인지 정해서 후에 혼란이 없게 해야 합니다.

④ 주기적으로 함께 점검하기

데이트 통장과 커플 가계부 애플리케이션을 함께 사용해 한 달에 한 번 정기적으로 데이트 비용을 정산하는 것도 중요합니다. 지출 항목 비교를 통해 데이트 패턴도 알 수 있고, 저축되는 돈을 보면서 작은 성취감도 생길 겁니다. 이렇게 데이트 비용은 아껴나가면서 서로를 향한 사랑은 늘려나갈 수 있습니다.

나와 비슷한 사람
VS. 다른 사람,
누가 더 잘 어울리나요?

"너희, 진욱 오빠 이혼 소식 들었어?"

"헐? 결혼한 지 1년도 안 됐잖아!"

"어쩌냐, 이유는 뭐야?"

"공식적으로 성격 차이지, 뭐"

"연예인들이나 이혼할 때 성격 차이라고 하는 줄 알았는데, 충격이다."

"사실 오빠 결혼 직전까지 진짜 고민 많이 했었잖아. 서로 맞추면서 살 수 있을지 모르겠다고."

"오빠가 여자한테 맞추느라 교회도 나가고, 반려동물 질색했었는데 여자가 데려온 고양이도 키우면서 엄청 노력했는데…… 안타깝다!"

"결혼 후에는 아이 낳는 문제로 갈등이 있던 것 같더라고."

"그런 중요한 얘기는 미리 합의하고 결혼했어야지, 어휴."

"그게 그렇게 쉽냐? 맞춰가며 살 수 있다고 생각했겠지. 우선 서로 좋아하니 당장 헤어질 수도 없고, 또 상대를 바꿀 수 있다고 확신했을 테고."

"그래서 결혼은 나랑 비슷한 사람이랑 해야 하나 봐! 그래야 덜 싸우고, 덜 부딪히지."

유유상종을 지지하는 경은의 말에 수아는 적극 반론을 제기했다.

"야, 누가 그래? 나랑 남편 둘 다 MBTI 해보니 '성인군자'라는 ISFJ인데도 매일 싸워!"

"와! 정말? 너희 커플은 둘 다 직업도 똑같이 선생님인데, 성격까지 똑같은 거야?"

"성격뿐만이 아니야! 심지어 둘 다 혈액형도 A형이고, 별자리도 황소자리다, 하하!"

"이야! 천생연분이네!"

"처음에는…… 그런 줄 알았지."

불과 6개월 전, 모든 것이 닮은 사람을 만나 벅차다며 흥분했던 수아의 모습이 떠올라 나는 짓궂은 질문을 했다.

"지금은 아니야?"

"흐음…… 너무 똑같으면 재미없어! 오히려 닮아서 더 싸우는 것 같은데? 서로 비슷하니까 내 마음대로 상대의 생각이나 마음을 짐작하고 해석해. 둘이 화내는 포인트도 비슷한데 그럴 때는 한 사람이 '열폭' 하면 한쪽에서 달래야 금방 풀리잖아? 우리는 그게 안 돼."

아직 솔로인 지현이가 갈증이 나는지 짜증을 내며 질문했다.

"야, 그럼 도대체 어떤 사람을 만나야 잘 살아? 나랑 비슷한 사람? 아니면 정반대인 사람?"

"반대인 사람이 더 끌리지 않아? 나는 내가 너무 재미없고 단조로운 성격이라 그런지 유쾌하고 활발한 남자한테 주로 호감이 가던데?"

"성격이 반대되면 안 싸워?"

"너네랑 똑같아. 많이 싸우지. 사고방식이 아예 다르니까 처음에는 이해가 안 됐어. 그나마 최근에는 익숙해져서 덜 싸워."

"달라서 좋은 점은?"

"나랑 정반대인 사람이랑도 이렇게 지지고 볶으며 지내다 보면, 누굴 만나든 쉽지 않겠냐? 말은 이렇게 해도 어쨌든 내가 보지 못한 관점에서도 살피게 되고, 나 혼자라면 하지 않았을 것들을 시도하는 것도 신선해. 양 끝에 있던 두 사람이 어느 순간 중간 지점에서 만나게 되는 것 같아.”

“오! '중간에서 만난다'라는 표현! 그럴듯한데? 솔직히 나랑 100% 똑같은 사람이 세상에 어디 있냐?”

서영이의 말에 은지는 크게 공감하며 자신의 생각을 더했다.

“맞아, 다 다르지. 결국 서로 얼마나 같고 다른지 찾기보다 중간 합의점을 만들 수 있는 사람을 만나야 오래 행복한 것 같아. 절대 양보하지 못하거나 타협이 불가능한 것들이 있으면 결국 힘겨루기만 하다가 헤어지잖아. 나도 전 남친이랑 종교 문제로 합의점을 못 찾고 어쩔 수 없이 헤어졌잖니.”

“그러게. 가치관, 종교, 신념 같은 것은 쉽게 바뀔 수 없으니 애초에 맞지 않으면 걸러야 해. 나와 어울리는 사람은 나랑 잘 맞춰나갈 수 있는 사람 아닐까?”

“그래서 나 궁합 한번 보러가려고. 지금 썸남이랑 결혼하면 잘 맞는지, 헤헤!”

그럴듯하게 마무리되던 대화의 끝자락에 던져진 지현이의 엉뚱한 결론에 다들 웃음을 터뜨렸다.

관계의 조율

우리 커플은 얼마나 잘 어울릴까?

나와 상대는 서로의 사랑을 의심하지 않는다. ☐

나와 상대는 다른 사람은 모르는 서로의 비밀을 공유한다. ☐

나와 상대는 서로를 바꾸려 하지 않는다. ☐

나와 상대는 서로 떨어져 있는 시간을 견딜 수 있다. ☐

나와 상대는 공통된 관심사를 공유한다. ☐

나와 상대는 서로를 위해 더 나은 사람이 되고 싶어 한다. ☐

나와 상대는 서로와 함께 하는 미래를 상상한다. ☐

나와 상대는 서로를 위해 노력한다. ☐

나와 상대는 서로의 가장 큰 서포터다. ☐

나와 상대는 서로의 가족을 위해 노력한다. ☐

✔ 1~3개: 위기의 커플

지금처럼 관계를 이어가는 것은 위험해 보입니다. 서로 진지하게 맞춰나갈 수 있는지 고민해보세요.

✔ 4~6개: 기대의 커플

앞으로가 기대되는 사이입니다. 상대와 더 많은 대화를 나누면서 미래를 설계해나가세요.

✔ 7~10개: 환상의 커플

더없이 좋은 환상적인 관계입니다. 앞으로도 지금처럼만 노력해나가시면 됩니다.

관계 코칭 원 포인트 레슨

　어떤 사람을 만나야 우리는 행복할 수 있을까요? 나랑 닮은 사람을 만나도 되고, 다른 사람을 만나도 됩니다. 중요한 것은 서로 맞춰나가는 것이니까요. 다음은 지치지 않으면서 서로를 이해하고 알아가는 방법입니다.

관계의 조율

1. 한 사람과 사계절을 겪어보자

'사계절은 겪어보고 결혼하라'는 어른들의 말, 들어본 적 있지요? 세계적 상담가 게리 채프먼Gary Chapman도 《결혼생활의 사계절》이라는 책에서 커플이 사귀는 동안 겪는 감정의 변화 과정을 사계절의 특징과 관련지어 설명한 바 있습니다. 그에 따르면 한 사람을 온전히 이해하기 위해서는 충분한 시간과 경험, 감정의 공유가 필요합니다.

상대가 나와 잘 어울리는지, 그렇지 않은지를 섣불리 판단하지 않기 위해서는 시간의 변화에 따른 보편적인 감정의 흐름을 미리 이해해두는 것이 도움이 됩니다. 지금 연인과 위기를 겪고 있는 중이라면, 우리 커플의 관계가 어떤 계절을 지나고 있는지 잘 들여다보세요. 그리고 지혜롭게 대처할 수 있는 방법을 강구해봅시다. 그러면 분명히 관계의 '봄날'은 다시 찾아올 것입니다.

2. 불편한 진실을 공유하자

서로를 더 깊이 이해하기 위해서는 어렵고 불편한 이야기를 솔직히 나눠야 합니다. 예를 들어 나의 과거, 가족사, 경제

적 문제 등이요. 또 종교적 신념, 비혼주의나 딩크족 추구와 같은 가치관도 수면 위로 꺼내야 합니다. 상대가 나에게 실망할까 봐, 무시할까 봐, 욕할까 봐 감추고 모른 척한다면, 나중에 더 큰 후폭풍으로 몰려와 상대의 신뢰를 잃게 되지요. 상대의 이야기를 듣는 것 또한 마찬가지인데요. 상대의 솔직한 진실을 처음 들어야 하는 것이 두려울 수 있지만 장기적인 관점에서는 그 편이 더 안전할 수 있습니다.

3. 상대에게 틀렸다고 말하지 말자

사람은 누구나 자신의 생각이 '옳다'라는 가정하에 행동합니다. 그래서 나와 다른 행동은 틀렸다고 판단하고 거부감을 보이기 십상이지요. 하지만 상대의 말과 생각, 행동을 단지 '옳고 그름'의 잣대로 판단하지 하세요. 삶을 살아가는 방식에는 단 하나의 올바른 방법도, 잘못된 방법도 없으니까요. 내 가치관과 전혀 다른 상대의 이야기에 "넌 정말 이상해!", "어떻게 그런 생각을 해? 너무 비상식적이야!", "내가 옳고, 넌 틀렸어!"라고 말하고 싶어도, 그 대신 이 한 문장으로 표현하는 것으로 충분합니다. "우린 서로 생각이 다르구나."

관계의 조율

4. 잘 싸우는 스킬을 업그레이드하자

아무리 나와 비슷한 사람이라고 해도 갈등은 피할 수는 없습니다. 다투고 화해하는 것도 서로를 알아가며 맞춰가는 중요한 과정이지요. 단, 뒤끝 없이 우아하게 잘 싸우는 방법을 기억하세요. 다음은 현명하게 다투기 위해 기억해야 할 사항입니다.

- **목적**: 함께 잘 지내기 위한 과정임을 잊지 말기(이기는 것이 목적이 아님).
- **안건**: 한 번에 하나의 주제로만 싸우기(절대 과거의 일을 끌어오지 않기).
- **시간**: 충분히 대화에 집중할 수 있는 시간 조율하기(아무 때나 싸우지 않기).
- **운영**: 감정이 고조되면 잠시 쉬는 시간 갖기(한 번에 끝장을 보려고 하지 않기).

5. 불협화음의 시그널을 조기에 발견하자

관계를 이어가다 보면 '이 사람은 나와 오랫동안 함께 어울릴 수 없는 사람이구나' 하는 신호가 감지되곤 합니다. 관계가 보내는 경고의 신호를 무시하지 마세요. 시간이 지나 뒤늦게 깨달았을 땐 이미 늦어 후회할지도 모릅니다. 이상 신호는 조기에 발견될수록 좋습니다. 다음은 관계의 이상 신호들입니다.

- 똑같은 문제로 자주 싸운다.
- 상대와 함께하면 긴장하게 되거나 불안하다.
- 공통의 관심사가 전혀 없다.
- 직감적으로 불안하고, 불길한 예감이 든다.
- 대화가 전혀 통하지 않는다.

안 그러려고 해도
자꾸 친구한테 질투가 나는데,
어떡하죠?

사촌 동생 수빈이에게 오랜만에 전화가 걸려왔다.

"수빈아, 무슨 일 있었어?"

"네, 언니…… 얼마 전에 고등학교 때 친구가 7급 공무원 시험에 최종 합격했는데요. 친구가 기뻐서 저한테 문자를 보냈는데 진짜 기분이 좀 묘했어요. 축하한다고는 했지만 속으로는 샘이 얼마나 났는지 몰라요. 얼마 뒤에 그 친구가 축하턱 쏜다고 친구들을 몇 명 불렀는데 저는 일이 늦어서 못 갔어요. 아니, 솔직히 늦게라도 갈 수 있었지만 안 간 거죠. 그날 집에 가면서 '잠깐 들를걸' 하고 찜찜한 마음이었는데, 마침 단톡방에 축하 파티 사진이 막 올라오더라고요. 주인공이 된 그 친구도 부럽고, 나 빼고도 다들 신나게 노는 것에 질투도 나고, 나는 왜 이리 속이 좁아서 친구를 진심으로 축하도 못 해주나 싶어 스스로 너무 한심했던 거 있죠.”

“수빈이는 왜 그 친구한테 질투가 났어? 솔직히 털어놔 봐.”

“음…… 학교 다닐 때는 제가 걔보다 공부도 더 잘했고, 대학도 나름 더 좋은 데로 갔는데, 지금은 그 친구가 더 잘나가는 느낌이 들어서?”

“예전에는 내가 더 잘나간다고 생각했는데, 역전당한 것 같구나?”

“그렇죠. 제가 최근에 이직 준비를 하면서 방황하고 있으니 더 비교하게 돼요. 친구가 안정적인 직업을 갖게 된 게 정말 부럽더라고요. 사실 저도 공무원 시험 준비하고 싶었는데 그때 집 사정이 너무 안 좋아서 포기하고 바로 취업했잖아요. 그 친구는 형편이 넉넉하니 취업 부담이 전혀 없기도 했고…… 나중에는 집안 배경까지 비교하게 되고 질투가 나서 속상했어요.”

“내가 갖고 싶거나, 되고 싶은 것들을 남들이 이루면 더 질투 나지. 언니도 정말 결혼하고 싶었는데 쉽게 되지 않았을 때 있었거든. 그땐 친구들 결혼식 다녀오는 길에 괜히 쓸쓸하고, 살짝 샘도 나고 그랬어.”

"언니도 그랬구나. 진짜 다들 이런 고민 할까요? 친한 친구를 진심으로 축하하지 못 하는 지질한 내가 싫어질 때요."

"그럼, 친구뿐이겠어? 가족 간에도 그렇잖아. 잘나가는 형제자매한테도 질투가 나는데, 뭐. 그런데 재밌는 건 누군가는 널 질투할 수도 있단 사실이야. 생각해봐. 가까운 사람 중에 누가 널 질투한 적 없었어?"

"아, 있어요! 대학 동기인데요. 제가 헤어 스타일 바꾸면 이 친구가 자기도 며칠 후에 똑같이 따라 하는 거예요! 옷도 제 거랑 똑같이 입고요. SNS에 맛집 다녀온 사진 올리면, 거기 가서 똑같이 사진 찍어서 올리고."

"네가 하는 것마다 다 따라 한 거야?"

"네네, 처음에는 그냥 특이하다고만 생각했는데 나중에는 말투까지 따라 하니까 너무 짜증 났어요. 그리고 칭찬하는 듯 말하면서 면박을 준다고 해야 하나요? 듣고도 기분 찝찝해지는 말을 엄청 많이 던졌어요."

"그러면 진짜 짜증 나지. 그 후엔 어떻게 됐어?"

"한번 불러서 그러지 말라고, 불편하다 말했더니 그다음부터는 절 피하더라고요. 그리고 졸업할 때쯤 되니까 메시지를 보내서 그때 네가 예뻐서 질투했다고 하는 거 있죠?"

"그래도 그 친구 나중에는 솔직했네. 주변에 진짜 그렇게 질투하면서 따라 하는 사람들 종종 있더라. 그것 봐. 너도 누군가에게는 질투 대상이었다니까!"

"하아, 그렇긴 한데요. 언니랑 얘기하다 보니 제가 그때 그 친구 정말 짜증 나서 꼴 보기도 싫었거든요. 저도 공무원 친구에게 지금 그런 존재가 되었을까요?"

"에이, 무슨! 넌 지금 너 혼자 느끼는 감정들로 당황스러운 것뿐이야. 질투는 너무 자연스러운 감정이고. 그 질투를 어떻게 표출하고 다루는지가 중요한 거야!"

"질투가 어쩔 수 없는 마음이라면, 어떻게 세련되게 잘 컨트롤할 수 있을까요?"

셀프 체크

나는 관계에서 얼마나 질투를 하고 있을까?

내가 질투하는 대상의 주변 환경(가정환경, 배경, 능력 등)이 나보다 좋다고 생각하면 불공평함을 느낀다. ☐

내가 쉽게 갖지 못하는 것들을 친구가 가진 것을 보면 부럽다. ☐

친구의 기쁜 일을 겉으로는 축하한다고 말하지만 내심 불편하다. ☐

친구의 기쁜 일을 진심으로 축하하지 못 하는 내가 부끄럽다. ☐

내가 질투하는 대상을 따라 한 적이 있다(외모, 말투, 행동 등). ☐

내가 질투하는 대상에게 경쟁심을 느낀다. ☐

내가 질투하는 대상을 제3자에게 뒷담화 한 적이 있다. ☐

내가 질투하는 대상의 이야기를 잘 듣지 않는다. ☐

내가 질투하는 대상과 자주 만나는 것이 부담스럽다. ☐

내가 질투하는 대상의 불행에 위로받은 적이 있다. ☐

✔ 1~3개: 질투하니까 사람이다

그 정도의 질투는 괜찮습니다. 사람이라면 누구나 질투심을 갖기 마련이니 순간의 감정으로 넘기도록 하세요.

✔ 4~6개: 질투는 나의 힘

질투심이 점점 더 커질 때는 나 자신의 발전을 위한 기회로 삼는 것이 현명합니다.

✔ 7~10개: 질투의 화신

당신의 질투심은 현재 위험할 만큼 커다랗습니다. 질투심이 당신을 망칠 수도 있음을 명심하세요.

관계 코칭 원 포인트 레슨

내가 누군가를 질투해도 참 괴롭지만, 주변에서 나의 존재와 성취를 괴로워하고 시기하는 누군가가 있으면 그것 또한 힘든 일이지요. 하지만 사람에게 질투는 본능과 같은 감정이에요. 다음은 내 안의 질투심도 다루고, 상대의 질투심도 다루는 특급 솔루션들입니다.

관계의 조율

1. 내 안의 질투심을 다루는 방법

① 질투하니까 사람이다! 질투하는 내 모습 인정하기

질투심은 남녀노소 누구나 느낄 수 있는 흔한 감정으로 무조건 나쁜 것은 아닙니다. 그리고 내 마음속에서 일어나는 감정이니 겉으로 표현하지 않으면 타인은 그 사실을 알 수 없습니다. 문제는 질투심에 눈이 멀어 비겁한 행동을 하는 것이지요. 이를테면 비꼬며 말하기, 상대의 성공 무시하기, 뒷담화 하기, 따라 하기 같은 행동들이요.

한마디로 말하자면 질투심이 문제가 아니라 질투심에서 비롯된 행동이 문제입니다. 친구의 좋은 일 또는 축하할 만한 새 소식을 전달받았을 때 다양한 감정들이 교차할 겁니다. '부럽다', '좋겠다', '멋지다', '얘는 뭘 해도 이렇게 잘 풀릴까', '운 좋다', '나는 뭐지?' '짜증 나', '씁쓸해' 등등의 감정들이요. 바로 그 순간 '아, 나 지금 질투하고 있구나' 하고 쿨하게 그 마음을 인정하세요. 내 안의 질투심을 인정하는 것이야말로 내 안의 질투심을 건강하게 다루는 시작입니다.

② 셀프 면담으로 질투의 원인을 탐색하고, 동기부여의 기회로 삼기

내 안의 질투심을 겉으로 표현하지 않기 위해서는 질투하는 나와의 셀프 면담이 필요합니다. 가장 먼저 스스로에게 '왜 나는 이 친구를 질투하고 있는 거지?' 하고 물으세요. 우리가 누군가를 질투하는 이유는 상대를 경쟁자로 인식해 그가 나보다 앞서 나간다고 느끼기 때문입니다. 내 목표와 내 능력 사이의 차이가 크거나 성공에 대한 확신이 떨어져 자신감이 없을 때 상대방의 성취에 대해 질투심을 느낍니다.

질투심은 아이러니하게도 지금 일상에서 내가 결핍을 느끼는 지점이 무엇인지 발견하게 해주거나 내가 삶에서 원하는 것을 확인시켜줍니다. 나 자신과의 대화를 통해 내가 지금 내 삶에서 더 필요로 하는 것이 무엇인지 보다 분명하게 알 수 있어요. 그래서 질투심은 내 삶의 긍정적 변화를 이끄는 힘이 되기도 합니다. 예를 들어 다이어트로 전보다 훨씬 예뻐진 친구를 보며 '쟤도 했는데 나는 못 하겠어?' 하는 자극을 받아 적극적으로 운동을 하게 되는 것이지요. 질투심을 나의 결핍을 채우도록 움직이게 만드는 삶의 원동력으로 활용하세요!

③ 좋았던 때 회상하기

친구에 대한 질투가 점점 커져서 괴로움으로 변하는 시점에 이르렀다면, 내가 그동안 이 친구와의 관계를 얼마나 소중히 여겼고, 잘 유지하려고 애썼는지 천천히 돌아보세요. 나의 질투가 우정을 방해할 수 있음을 알고, 어떻게 해야 앞으로 서로에게 긍정적인 영향을 미치는 사람이 될 수 있을지 생각하는 것을 잊지 마세요! 다음은 질투의 고비를 넘길 수 있게 해주는 질문들입니다.

- 우리의 좋은 추억은?
- 이 친구에게 내가 고마운 것은?
- 질투로 이 친구와 멀어져도 괜찮은가?

④ 질투 자진 신고하기

때로는 질투심을 드러내지 않으려고 애써도 나도 모르게 상대에게 거리를 둔다거나 어색하게 대하거나 퉁명스러운 반응을 보였을 겁니다. 질투심은 꽁꽁 숨겨야 하는 감정이 아닙니다. 정말 아끼고 친한 관계라면 차라리 친구에게 나의 질투심을 솔직하게 고백하세요. 이때는 친구의 좋은 일을 한 번 더 인정하고 축하해주면서 동시에 내가 느끼는 감정을 아주 가볍고, 부드럽게 표현하는 것이 중요합니다. 이를테면 이런 식으로요.

"나 사실, 지난번에 네 승진 정말 축하하면서도 살짝 질투 났어! 나도 회사에서 더 인정받고 싶었나 봐. 너 그동안 야근도 많이 하고 진짜 열심히 했잖아! 당연한 결과라고 나도 생각해. 내가 더 많이 축하해줘야 했는데, 나 좀 웃기지? 혹시나 내가 서운하게 했으면 이해해줘!" 친구가 이 얘기를 들었을 때 과연 뭐라고 할까요? 아마 친구도 누군가에게 질투라는 감정을 느껴본 경험이 있을 테니 당신의 감정을 충분히 이해해줄 거예요. 당신의 솔직한 고백을 고마워할 수도 있고요. 혹시나 서로 오해하고 있던 상황이라면 그간의 오해가 사르르 풀리겠지요. 질투를 관계의 연결 기회로 활용하세요.

2. 타인의 질투심을 다루는 방법

① 내 행동 점검하기

혹시 당신의 행동이 상대의 질투심을 자극하고 있지는 않나요? 좋은 소식을 친구에게 공유할 때 나의 말투, 태도, 내용 등에서 혹시 상대를 자극할 만한 부분들이 있었는지 점검해보세요. 이를테면 인생 첫 차를 외제 차로 장만했을 때 "국산 차살 거면 그냥 걸어다니지" 하는 식으로 자신의 기쁨에 취해 마구잡이로 비교를 하며 말한다거나, 당신의 승진을 축하해주는 상대에게 나름대로 겸손하고 덤덤하게 대답한다고 "회사 다니다 보면 당연한 거죠, 뭐"라고 말하면서 상대의 축하를 겸연

관계의 조율

쩍게 만들면 오히려 상대의 질투에 불을 지필 수 있습니다.

② 친구의 질투 포인트 탐색하기

친구가 언제 질투를 가장 많이 하나요? 당신의 친구가 당신을 질투하는 순간과 질투할 때 보이는 행동 패턴을 확인해보세요. 친밀한 관계라고 해도 상대가 평소에는 잘 지내다가 유독 특정 주제에 대해서 민감해지는 경우가 있습니다. 예컨대 연봉이나 성과급 같은 돈 이야기를 할 때처럼 말이에요. 상대에게 특별히 질투나 시기심을 유발하는 대화 주제가 있다면, 그 얘기는 가급적 꺼내지 않는 것이 좋습니다.

③ 친구의 성취 돕기

당신의 친구는 무엇을 잘하나요? 질투심이라는 감정은 특히 자존감이나 자신감이 낮은 상태에서 뜨겁게 타오릅니다. 상대가 나에 대한 질투심을 보일 때는 상대의 자존감을 높여주기 위해 그가 잘하는 것을 찾고 인정해줘야 해요. 또한 상대의 일상에서 작은 성취를 위해 무엇을 해줄 수 있을지 함께 탐색하고, 관심을 갖고 지지해주세요. 작은 것이라도 자신의 성공에 관심을 갖고 인정해준다면 친구는 경계와 질투심을 조금씩 내려놓을 겁니다. 나에게 그의 성공을 도와줄 수 있는 자원이 있다면 기꺼이 도와줄 수 있음을 제안하세요.

④ 가능한 한 빨리 친구와 이야기하기

친구의 질투가 불편하게 느껴지면 가능한 한 빨리 친구와 이야기를 나눕니다. 우리는 여전히 좋은 친구 사이임을 분명히 하고, 차분하게 그러나 위협적이지 않게 말해야 해요. 친구의 질투를 무조건 서운히 여기지 말고, "나라도 그런 마음이었을 거야", "나도 그런 적 있었어" 하면서 친구의 감정적 반응을 인정해주세요.

내 경계를 못 넘어오게
확실히 선 긋는
방법 없나요?

"야! 나 진짜 개떡같이 주차한 차 때문에 못 올라가고 있어! 먼저 주문해."

10분 후, 내가 평소 친언니처럼 따르는 현주 언니가 씩씩거리며 자리로 왔다.

"아, 진짜! 자리도 없는데 두 칸 다 차지하고, 연락처도 남기지도 않고 사라졌어. 주차하면서 그 주차 선 넘어가는 거 보이지도 않나? 오늘 진짜 여기저기 선 넘는 인간들이 왜 이리 많은지. 회사에서도 그렇고. 오늘 일진이 너무 안 좋아."

"언니, 회사는 왜요?"

"요즘 코로나 때문에 모임 제한이라 팀 회식을 못하잖아. 그래서 직장인들 얼마나 좋아하냐. 그런데 우리 팀장은 눈치가 없는 건지 두 테이블로 나눠서 앉으면 되니 회식하자고 하더라."

"어머나, 걸리면 단체로 벌금 물 텐데……"

"더 웃긴 건 뭔 줄 아니? 2차는 우리 집에 가서 하자더라. 회사 앞이고, 나 혼자 산다고. 어휴……"

"와, 진짜 대박! 언니한테 미리 물어본 것도 아닌데 그렇게 말했다고요?"

"그러니까! 지난달에 이사했다고 하니 왜 집들이 안 하냐고 난리야. 아니, 내가 회사 사람들 초대하려고 이사한 것도 아니고. 가족도 여태 못 오게 했는데 무슨 말도 안 되는 소린지."

"이사했다고 말하지 말지! 전 독립한 지 벌써 1년이 넘었는데 회사 사람들 아무도 몰라요."

"아! 진짜 나도 그래야 했어! 요즘 계속 뭔가 사람들이 훅훅 내 영역을 막 침범하는 느낌이 들어서 짜증 나."

그사이 현주 언니의 핸드폰이 울렸고 언니는 메시지를 확인하며 깊은 한숨을 쉬었다.

"회사예요? 급하면 받아요."

"아니야. 전 직장 후밴데 얘가 지난달에 여자 친구랑 헤어졌거든. 너무 힘들어서 얘기 좀 들어줬더니 이 자식이 시도 때도 없이 연락하네. 어제는 새벽 2신가에 술 마시고 전화를 해대는 거 있지. 선 넘는 것 같아서 오늘 답문도 안 했어. 그랬더니 전화했나 봐."

"새벽 2시요? 진짜 매너 없다! 아무리 힘들어도 그렇지."

"내가 미쳤지. 내 연애도 피곤해 죽겠는데 남의 연애까지 아주 오지랖이다! 요즘은 그냥 연락도 다 끊고 혼자 있고 싶어."

"언니, 나는 주말에 휴대폰 들여다보지도 않아. 연락 안 닿아도 어쩔 수 없죠. 나를 찾지도 말고, 주말에 방해하지 말라는 표시예요, 하하"

"넌 어릴 때부터 그랬잖아. 선도 엄청 잘 긋고!"

"하하, 칭찬이에요? 욕이에요?"

"나한테도 선 긋느라고 20년 넘게 알고 지내면서도 절대 말 안 놓는 거 아냐?"

"우리 사이에 습관도 되었고, 1년 선배도 선밴데 친구한테 말하듯 반말하다 보면 언니한테 막말하게 될까 봐 그렇죠, 하하!"

"하긴, 그래. 요즘 회사에서 후배들한테 술 한잔 사주면서 편하게 해주면 은근슬쩍 말 놓는 친구들도 있어. 내가 자기들 동기도 아니고, 그래도 회사 선밴데."

"언니 성격에 그냥 뒀어요?"

"못 넘어가지! '내가 네 친구니? 공과 사는 분명히 해줘'라고 했더니 그다음부터는 아예 피하더라."

"그렇게 분명히 '당신, 지금 선 넘었다'라고 경고해줘야 사람들이 조심하더라고요."

"사실 나는 나와 타인 사이에 경계를 설정하는 게 너무 폐쇄적이라는 생각도 해."

"그럴 수 있죠. 언니 말대로 전 어릴 때부터 저만의 영역이 분명했잖아요. 근데 그게 제가 소심하고 내성적이다 보니 사람들한테 상처받기 싫어서 스스로 벽을 만든 것 같아요. 그러다가 오히려 상처받은 적도 많지만요. 그렇게 시행착오들을 거치니까 지금은 유연하게 내 경계도 지키고, 상대방의 경계도 넘지 않으면서 관계를 유지하게 됐어요. 전 지금이 딱 좋아요."

"이야, 네가 더 언니 같다. 난 이제라도 사방에 선 좀 긋고 내 영역을 사수해야겠어. 이러다가는 제명에 못 살겠다, 정말!"

나는 사람들과 경계를 잘 유지하고 있을까?

상대의 요청을 잘 거절하지 못한다. ☐

내가 인간관계에서 무엇을 중요하게 생각하는지 잘 모른다. ☐

관계 유지를 위해 주로 내가 상대에게 맞추는 편이다. ☐

상대가 자주 선을 넘는다는 느낌을 많이 받는다. ☐

내가 수용할 수 없는 것을 상대에게 공유한 적이 없다. ☐

인간관계를 챙기느라 자기 관리 시간이 충분하지 않다. ☐

종교, 정치 등에 대해 같은 입장을 취할 것을 많이 권유받는다. ☐

사람들에게 돈을 빌려달라는 부탁을 자주 받는다. ☐

원치 않는 스킨십으로 불편했던 적이 있다. ☐

상대에게 원치 않는 시간이나 에너지를 쓴다. ☐

✔ 1~3개: 선을 잘 긋는 사람

나와 타인의 경계가 분명한 만큼 앞으로도 세련된 방법으로 그 선을 사수하세요.

✔ 4~6개: 경계가 모호한 사람

당신과 타인 사이의 경계선이 잘 보이지 않습니다. 더욱 분명한 선이 필요해요.

✔ 7~10개: 경계가 없는 사람

상대에게 존중받고 싶다면 자기만의 경계선을 분명하게 만들고 주위에 알리세요.

관계 코칭 원 포인트 레슨

정치나 종교처럼 다소 민감한 주제에 대해 이야기하다 보면, 즐거워하는 사람도 있고 그 주제가 불편해서 대화 주제를 슬그머니 돌리는 친구도 있습니다. 이는 어느 정도의 수위로 이야기를 나눠도 좋을지 사람마다 타인과 경계를 설정하는 선이 달라서 그런 것뿐입니다. 다음은 상대에게 너무 야박하게 느껴지지는 않지만, 분명하게 나의 영역을 지키는 선 긋기의 기술입니다.

관계의 조율

1. 선 긋기의 혜택을 즐기자

인간관계에서 '선을 긋는다'의 의미는 상대의 행동, 태도, 말 등에 대해 편안함과 불편함의 구분을 명확히 해서 나와 타인을 분리하는 것입니다. 흥미롭게도 우리는 우리의 사적인 영역이 침범당하는 것을 끔찍이 싫어하면서도, 인간관계에서만큼은 선 긋기를 주저합니다. 스스로가 괜히 이기적인 것 같고, 사회생활의 기술이 세련되지 않은 것처럼 보여 좋지 않은 평판을 받을까 봐 두렵기 때문이지요.

그렇지만 인간관계에서 타인과 나 사이의 경계를 분명히 하는 것은 불필요한 갈등을 없애주어 더 건강한 관계를 유지하게끔 도와줍니다. 타인과 나 사이의 경계는 옳고 그름을 판단하는 기준이 아니라 각자가 중요하게 생각하는 가치에 따라 달라지는 것인 만큼 내가 세운 경계에 대한 타인의 판단을 의식할 필요가 전혀 없습니다.

2. 나 사용법 만들기 - 나의 한계를 분명히 정하자

잘 지내는 관계에서도 기가 빨리고, 불쾌해지는 상황을 마주할 때가 있습니다. 그럴 때 우리는 당시 나의 컨디션을 탓하며 괜찮은 척 넘겨보려 하지만, 이후 같은 경험을 반복합니다. 의식적으로 알고자 노력하지 않으면, 우리는 나 자신이 무엇을 원하고 원하지 않는지 정확히 알지 못합니다. 그러므로 각 영역별로 나만의 경계 원칙을 정해두세요. 내가 수용할 수 있는 것과 나를 불편하게 하는 것이 무엇인지 고려해서 내 감정의 한계를 미리 알아두면 좋습니다. 다음에 제시된 질문들에 답하며 내 감정의 한계를 구체적으로 생각해봅시다.

① 신체/공간: 타인과의 적절한 신체적 거리 및 타인을 내 공간에 들일 수 있는 기준

- 사랑하는 사람과 스킨십은 언제부터, 어디까지 가능한가?
- 여자 사람 친구/남자 사람 친구/동성 친구와의 스킨십은 어디까지 허용이 가능한가?
- 나만의 공간(집, 개인 작업실 등)에 초대할 수 있는 사람의 범위와 이 공간에 초대받은 사람이 반드시 지켜야 할 규칙은 무엇인가?

② 물건/돈: 친구와 돈이나 물건 등을 거래하거나 대여해줄 때의 기준

- 친구와 금전 거래는 얼마까지 할 수 있나? 돈을 갚을 때까

지 기다려줄 수 있는 기한은?

- 내가 친구에게 절대 빌려줄 수 없는 것은 무엇인가?
- 친구에게 식사를 대접하거나 선물을 할 때 지출할 수 있는 금액의 범위는?
- 빌려간 물건을 돌려주지 않는 친구에게 어떻게 대처할 것인가?
- 빌려간 물건을 돌려줄 때 친구가 꼭 지켜야 하는 것은? (옷이라면 세탁을 해서 돌려줘야 한달지, 차를 빌렸다면 사용한 만큼 기름을 채워서 돌려줘야 한달지 등)

③ 신념/감정: 타인과 공유가 가능한 대화의 주제나 감정의 깊이 정도

- 내가 다른 사람과 굳이 나누고 싶지 않은 대화 주제는 무엇인가? (예컨대 정치, 종교 등)
- 상대와 자꾸 의견이 대립되어 갈등이 생길 때 대처 방안은?
- 가정사, 현재 고민 등을 타인과 편하게 공유할 수 있는 범위는 어디까지인가?

④ 시간: 관계 유지에 내가 투자할 수 있는 시간과 여유의 정도

- 절대 방해받지 않고 싶은 나만의 시간은 언제인가? (예컨

대 늦은 밤, 주말 등)

- 상대와의 친밀도에 따라 내가 투자할 수 있는 시간의 최소치/최대치는 얼마인가?
- 만남이나 연락 요청을 수용할 수 없는 경우는 언제인가?

3. 상대가 선을 넘었을 때는 돌려 말하지 말고 직접 경고하자

상대가 내가 세운 경계선을 넘었을 때는 분명하게 알려주고, 내가 바라는 것을 정확하게 말해주세요. 이를테면 나는 연애를 해도 사생활은 서로 존중하고 싶은데 남자 친구가 자꾸 핸드폰 비밀번호를 물어본다면, 다음 중 어떻게 이야기하는 것이 적절한 대응일까요?

① "자기! 나 못 믿어? 우리가 10대도 아니고 성인인데 감시하는 것 같아서 싫어. 서로 사생활은 존중하자."

② "자기, 난 사실 당황스럽고 속상해. 자기가 내 일상의 대부분이고, 충분히 서로 대화하며 궁금한 것은 나눌 수 있잖아. 나는 우리가 서로의 사생활을 충분히 존중하며 사랑했으면 좋겠어."

보통 ①의 반응이 더 익숙할 텐데요. 그럴 경우 상대는 지적을 받았다고 생각해 불쾌할 수 있습니다. 나는 연인 사이에 비밀번호를 공유하는 것이 사생활을 침해하는 것처럼 느껴져서 싫지만, 상대는 사생활을 침해하려는 의도였다기보다 그저 사랑하는 사이니까 모든 것을 공유하고 싶은 애정 때문에 그런 요구를 했던 것일 수도 있지요.

이렇게 서로가 중요하게 생각하는 지점이 다르고 그로 인해 서로가 세운 경계선이 다르므로 내가 불쾌함을 느꼈다고 해서 무조건 상대의 행동을 지적하거나 교정하는 말을 해서는 안 됩니다. 대신 ②의 예시처럼 나를 주어로 내세우는 '아이 메시지I message' 기법으로 나의 불편한 감정을 먼저 전달하세요. 내가 중요하게 생각하는 가치와 앞으로 상대에게 기대하는 행동을 함께 말하면 더욱 완벽합니다.

4. 예외의 경우를 인정하자

인간관계에서 내가 세운 경계만을 너무 엄격히 고수하면 부작용이 생길 수 있습니다. 내가 세운 경계선을 모든 사람이 그대로 존중해주지는 않기 때문이지요. 그리고 그 까닭은 나에 대해 잘 모르기 때문일 수도 있고, 전혀 다른 가치관을 가졌기 때문일 수도 있습니다. 이럴 때는 상대의 마음을 바꾸려고 애쓰지 말고, 다음과 같은 질문을 던지면서 유연하게 대처할 수 있어야 합니다. '상대가 비록 내가 정한 선을 넘었다고 해도, 이 관계를 유지해나가는 일이 나에게 정말 중요한가?' 만약 '중요하다'라는 결론에 이르면, 내가 가진 경계선에서의 타협점을 찾습니다.

5. 타인의 경계도 존중하자

나의 경계를 설정하고 사수하는 것도 중요하지만, 상대가 그어놓은 경계를 존중해주는 것도 매우 중요합니다. 다음은 상대가 그어놓은 경계선을 확인하는 세 가지 방법입니다.

① 상대가 보내는 신호에 집중하기

상대가 대화 도중에 주제를 황급히 바꾼다거나 유독 리액션이 없는 주제는 더 이상 꺼내지 않는 것이 좋습니다. 시선을 피한다거나 경직된 자세를 보일 때도 마찬가지입니다.

② 평소 상대의 이야기를 잘 경청하기

평소에 상대가 주변 관계에 대해 불평이나 괴로움을 토로

했던 것이 무엇이었는지 잘 듣고 기억해둡니다. 그래서 대화를 나눌 때 상대가 싫어하고, 그에게 수용되지 않았던 행동이나 말 등은 가려서 하도록 합니다.

③ 잘 모를 땐 질문하기

상대가 불편해하는 화제 등이 무엇인지 잘 가늠이 되지 않을 때는 직접 물어봄으로써 상대에게 선을 넘는 말이나 행동은 아닌지 혹은 수용해줄 수 있는 범위의 말이나 행동인지 확인하는 것도 방법입니다.

너무 쉽게

인간관계 손절하는 나,

괜찮을까요?

"승훈아! 너 존버 하던 게임 주식 어떻게 됐어?"

"완전 '폭망'했다. 결국 버티다 손절했어."

"거 봐! 게임주는 너무 위험 부담이 커! 내가 진작 더 손해 보기 전에 털고 나오라고 그렇게 얘기했잖아!"

가만히 듣고 있던 현우가 외쳤다.

"야! 손절 좀 함부로 하지 마!"

"너 벌써 술 취했냐? 웬 뜬금없는 소리야!"

"니들이 손절당해보면 알아! 진짜 얼마나 기분 더러운지."

"뭐야? 뜬금없이?"

현우가 답답하고 민망한 마음을 조심스레 털어놓았다.

관계의 조율

"친하다고 생각했는데…… 누가 나한텐 청첩장을 안 주더라."

"누군데?"

"대학 동기. 4년간 동아리 활동도 같이했고 한창 게임도 같이하며 친하게 지냈지. 물론 취업 후에는 자주 못 만났지만. 우연히 그 동기 결혼 소식을 건너 건너 들어서 달력에 일정도 미리 체크해뒀는데 막상 동기 중에 나만 초대를 못 받으니깐 '나 손절 당한건가?' 싶어서 황당한 거야. '내가 뭘 잘못했나' 연락해서 따지고 싶더라니까!"

"진짜 좀 그랬겠다. 그 친구하고 싸웠거나 혹시 네가 서운하게 했던 게 있었어?"

"아니! 딱히 없어. 그럴 만한 사건이. 취업하고 아예 연락이 끊긴 것도 아닌데…… 어휴, 모르겠다. 걔가 나한테 뭐가 서운했었는지는."

"서로 연락이 뜸하니 자연스레 멀어졌던지, 아니면 그 친구가 네게 너는 모르는 서운했거나 실망한 일들이 있었나 보지. 그리고 결혼 같은 행사를 계기로 한 번씩 관계 정리하는 사람들 많더라. 우리도 주식할 때 우량주만 남기고 집중 투자 하잖아. 아무튼 결론은 그냥 '너랑 이제 안 놀겠다' 이거 아냐! 그런데 네가 뭘 더 고민해! 그냥 서로 안 보면 되지. 신경 쓰지 마!

그냥 우리랑 평생 놀자, 야."

승훈이는 '팩트 폭행'과 쿨함을 오가며 별일 아니라는 듯이 풀 죽은 현우를 무심하게 위로했다.

"예전에는 인간관계에 문제가 있으면, 서로 상담해주고 같이 노력하면서 해결했잖아. 요즘은 현우 말대로 걸핏하면 '손절해!'라는 말이 자동으로 튀어나와. 생각 없이 남발하는 것 같기도 하고…… 어떤 사람은 습관적으로 관계를 손절하고 다니더라."

"인간관계에서 더 이상 손해 보지 않으려는 심리지. 결국은 상처받기 싫은 거고. 그래도 신중해야 하지 않을까?"

내 말이 끝나자 조용히 듣고만 있던 은아가 처음으로 입을 뗐다.

"근데, 손절이 꼭 필요한 경우도 있잖아? 보기 싫은 사람들 신경 끄고, 억지로 만나거나 챙기지 않아도 되고. 솔직히 나 지금 살짝 뜨끔했어. 손절하고 싶은 친구 있어서 요즘 진짜 고민하고 있었거든. 고등학교 동창인데, 이상하게 걔는 내가 잘되는 걸 못 봐주더라! 내가 좋은 대학 간 건 부모님이 비싼 과외 시켜줘서, 대기업 취업한 건 능력은 없지만 운이 좋아서라고 하더라. 그뿐이게? 남자 친구가 전문직이라고 하니까 취집 준비하냐고 비아냥거리는데 이제 진짜 못 참겠어."

관계의 조율

"너 지금껏 그런 말 다 받아줬어? 오 마이 갓! 너 보살이냐?"

"워낙 오래 같이 다니는 친구 무리가 있으니 걔가 알아서 그만해주기를 기다렸지. 불편하다고 했는데도 계속 그러니까 너무 실망스럽더라. 이제 진짜 꼴도 보기 싫어졌어!"

"그런데 손절은 도대체 어떻게 하는 거야? 남녀 사이면 '헤어지자'라는 말이라도 할 텐데, 친구 사이는? 서서히 안 보면 되는 건가? 아니면 아무 말 없이 사라져? 현우 보니까 그것도 좋은 방법은 절대 아니고……"

"내가 진짜 손절당해본 사람 입장에서 말한다면, 정확히 이유를 말해주는 것이 좋아."

"최대한 자연스럽게 멀어지는 방법은 없을까? 서서히 은밀하게, 하하!"

내 말에 승훈이는 놀라며 단호하게 말했다.

"야! 주식도 미련 남기고 조금씩 매도하면 그사이에 주가가 계속 떨어져. 뺄 때 한 번에 빼야지. 서서히 손절하면 그게 무슨 의미야. 그냥 한 번에 싹둑 잘라야지."

"넌 왜 이렇게 극단적이냐! 사람 인연이 무 자르듯 확 잘라지냐? 더 좋은 방법 없을까?"

나는 관계 손절에 얼마나 익숙할까?

불편한 관계는 손절하면 된다고 생각한다. ☐

이미 주변 사람들과 여러 차례 손절을 시도했다. ☐

힘든 관계를 개선하고 싶지 않다. ☐

갈등 상황이 생기면 주저 없이 손절하겠다. ☐

관계를 일방적으로 정리하고 상대의 원망을 들은 적이 있다. ☐

성급하게 관계를 정리하고 후회한 적이 있다. ☐

인간관계에서 더 이상 나만 손해 보고 싶지 않다. ☐

인간관계에서 외로움과 공허함을 많이 느낀다. ☐

점점 주변에 사람들이 없는 것 같아 불안하다. ☐

필요한 관계에만 최선을 다하고 싶다. ☐

✔ 1~3개: 신중한 손절러
관계를 손절할지에 대해 충분히 고민해도 늦지 않음을 명심하세요.

✔ 4~6개: 기분파 손절러
감정에 좌우되지 말고 손절을 할 때도 자신만의 원칙을 만드세요.

✔ 7~10개: 급진적 손절러
성급한 손절은 오히려 문제를 일으키기 쉽습니다. 손절은 '최후의 수단'임을 잊지 마세요.

관계 코칭 원 포인트 레슨

요즘 '관계를 정리하다'라는 의미로 '손절하다'라는 말을 많이 사용하는데요. '손절'은 주식 용어인 '손절매'의 줄임말로, 미래에 주가가 더욱 하락할 것으로 예상하여 보유한 주식을 매입 가격 이하로 손해를 감수하고 파는 것을 뜻합니다. 즉, 가지고 있어야 마이너스만 될 것 같은 주식을 파는 행위를 가리킵니다. 여기에서 파생해 인간관계에서 나에게 해가 될 것 같은 가능성이 있는 사람과 연을 끊는 것을 '손절한다'라고 표현하는 것이지요. 나를 힘들게 하는 관계에서는 최후의 통첩으로 '손절 카드'를 꺼내야 할 때가 있습니다. 상대의 잘못으로 관계 정리를 선택했다고 해도 손절은 내게도 상처를 남기지요. 그래서 우리는 손절을 해야 할 때 더 신중하고 현명하게 행동해야 합니다. 다음은 '손절 급발진'으로 후회하지 않기 위한, 현명한 손절의 3단계입니다.

1. [사전 준비 단계] 서두르지 말자

① 관계를 일시 정지하기

동영상 촬영 중 '정지stop' 버튼을 누르면 딱 거기까지만 영상이 녹화됩니다. 반면에 '일시 정지pause' 버튼을 누르면 녹화를 잠시 멈췄다가 이어서 촬영을 계속할 수 있지요. 만일 지금 당신에게 그만 끝내고 싶은 관계가 있다면 우선 '일시 정지'를 해보세요. 상대와 유대를 지속하면서 한편으로는 관계를 계속 이어갈지에 대해 고민하는 시간을 충분히 갖는 겁니다. 이때 상대와 연락을 나누거나 만나는 시간을 조금 줄이게 된다면, 현재 내 삶과 일, 가족 등에 더 집중할 필요가 있어서 그런 것이라고 상대에게 미리 이야기를 해서 영원한 단절이 아님을 알려줘야 불필요한 오해를 방지할 수 있습니다.

관계의 조율

② 'GO/STOP'을 결정짓는 세 가지 질문에 답하기

'관계를 계속 이어갈 것인가', '여기서 그만둘 것인가'를 결정할 때, 다음의 세 가지 질문에 답해보세요. 이 질문들을 통해 현재 관계의 공정성, 기여도, 만족도를 체크해보는 것입니다.

Q1. 이 관계가 현재 공정한가?
⇒ 관계를 유지하는 데 상대와 내가 시간, 감정, 애정, 돈 등을 유사한 수준으로 쏟고 있는지 확인하기.

Q2. 이 관계를 유지하는 것이 나에게 도움이 되는가?
⇒ 이 관계가 내게 주는 심리적 안정감 및 외로움, 타인과의 관계에 향후 도움을 주는지 여부 등을 점검하기.

Q3. 이 사람과 연락하거나 만난 후 나는 주로 어떤 기분인가?
⇒ 상대와의 연락이나 만남이 내게 주는 부담감, 긴장감, 즐거움을 상기해보기.

③ '쓰리 아웃' 제도를 도입해 손절 타이밍 잡기

손절 카드를 내밀기 전까지 '쓰리 아웃 제도'를 적용해보세요. 똑같은 실수가 세 번 반복되어 내게 감당할 수 없는 스트레스를 주면 그때는 과감히 관계를 정리할 타이밍입니다. 다만, 상대로 인해 내가 힘들고 불편한 지점이 있다면 상대에게 미리 알려준 후 카운트해야 합니다. 이때 상대의 잘못을 지적하지 말고, 내 감정을 전달하는 것만으로도 충분해요. 예컨대 "나는 우리가 더 잘 지냈으면 싶은데, 요즘 우리 관계가 어렵고 불편해" 하는 식으로요. '쓰리 아웃' 제도는 상대에게 실수를 만회할 기회를 충분히 줄 뿐만 아니라 나에게도 관계를 정리하거나 관계를 개선할 마음의 준비를 할 시간을 줍니다.

2. [손절 실행 단계] 맞춤형 손절 방법을 택하자

사전 준비 단계를 통해 이 사람이 '손절각'임을 확신하셨다고요? 이때 일부러 상대가 싫어하는 행동을 유발하거나 아무 말도 없이 잠수를 타고 상대를 차단하는 방식으로 손절하는 것은 하수의 방법입니다. 어쩔 수 없이 관계를 정리해야 한다면, 그것이 불러올 부작용을 미리 알고 상황에 따라 그에 걸맞은 방식으로 정리를 해야 합니다.

① 페이드아웃fade-out형

서서히 연락의 빈도, 속도, 만남 횟수 등을 줄여 관계의 자

관계의 조율

연사를 기다리는 방법입니다. 가장 보편적인 손절 방법이지요. 이 방식의 단점은 상대가 눈치채기 전까지는 상대의 연락에 적절하게 대처해야 한다는 점입니다. 또한 생각보다 시간이 오래 걸릴 수도 있으며 상대는 당신의 행동에 영문을 몰라 답답해할 수도 있습니다.

② 고지형

상대 의사에 상관없이 관계의 종료를 명확하게 선언하는 방식입니다. 상대에게 손절의 사유 및 관계의 종료를 분명히 인식시킬 수 있지만, 돌아올 수 없는 강을 건널 수 있습니다.

3. [손절 사후 단계] 손절 후유증을 관리하자

우리는 앞으로도 많은 사람들을 손절할 수 있고, 또 손절당할 수도 있습니다. 어느 쪽이든 손절은 마음에 후유증을 남깁니다. 다음은 손절 후유증을 극복하는 현명한 대처법입니다.

① (충분히 고려 후) 손절했다면, 절대 하지 말아야 할 네 가지

- **후회하기**: 상대와 보낸 시간, 에너지, 돈 등을 아까워하지 말기. (이미 끝난 일이니까)

- **자책하기**: 상대에게 상처를 줬다는 죄책감 버리기. (나도 상처를 받았으니까)
- **뒷말하기**: 다른 사람들이 옆에 있을 때 편 가르거나 험담하지 말기. (둘만의 문제니까)
- **반복하기**: 이 관계로부터 배운 교훈을 잊지 말고, 반복하지 말기. (또 당할 수 있으니까)

② 갑자기 누군가에게 손절을 당했다면, 꼭 해야 할 네 가지

- **존중하기**: 손절의 이유를 모르겠어도 상대 결정 존중하기. (상대는 오래 고민했을 테니까)
- **점검하기**: 상대를 불편하게 한 행동이나 습관 돌아보기. (반복하면 안 되니까)
- **집중하기**: 다른 관계에 최선을 다하기. (친구는 또 있으니까)
- **성장하기**: 후회되는 내 행동은 고치기. (위기를 기회로 만들 수 있으니까)

★ 번외편 - 반드시 손절해야 하는 유형 10

'아, 정말! 이 사람 왜 이러지?' 세상에는 '손절 카드'를 꺼내고 싶게 만드는 10가지 유형의 사람들이 있습니다. 이들에게 휘둘려 나의 몸과 마음이 힘들다면 진지하게 관계를 돌이켜볼 때입니다. 다음의 내용을 참조해 내 주변에 손절해야 하는 사람은 없는지 점검해보세요.

① 내가 잘되는 것을 노골적으로 싫어하는 사람

② 필요할 때만 내게 연락하고, 내가 연락하면 바쁘다는 사람

③ 내 말에 늘 비꼬며 반응하거나 무시하는 사람

④ 나를 '감정 쓰레기통'으로 취급하며 욕설, 비난, 불평만 늘어놓는 사람

⑤ 자꾸 돈을 빌려달라거나 빌린 돈을 갚지 않는 사람

⑥ 자신의 종교적·정치적 신념만 강요하는 사람

⑦ 내 의사는 무시한 채, 자기 하고 싶은 대로만 의사결정하는 사람

⑧ 나에 대한 뒷말을 하거나 내 동의 없이 다른 사람에게 내 이야기를 전하는 사람

⑨ 무리한 요청으로 나를 곤란하게 하는 사람

⑩ 함께 있으면 늘 긴장하게 되고 기가 빨리는 사람

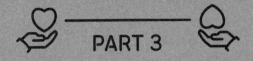

PART 3

관계의 마음

내 마음이 곧 네 마음은 아니다

호감이 가는 상대에게 마음을 열기 시작할 때는 그의 존재 자체만으로도 반갑고, 좋기만 합니다. 그리고 시간과 감정이 쌓일수록 상대와 이 관계에 대한 기대와 생각들이 많아지지요. 그래서 혼자 잘 해주고 상처받기도 하고, 상대가 내 마음과 같지 않아 실망하기도 합니다. 그뿐인가요. 상대의 애정을 나의 그것과 비교하고 때로는 의심하며 확인받고 싶어 하지요. 이번 장에서는 때로는 나도 잘 모르겠는 내 마음과 내 것이 아니라 헤아리기 어려운 상대의 마음을 잘 살필 수 있는 방법을 알아보겠습니다.

'내가 뭐라고……'
그이는 왜
날 좋아해주는 걸까요?

지연이가 얼마 전 나에게 남자 친구와의 카톡 대화 창을 캡처해서 보냈다.

자기~ 오늘 멀리까지 와줘서 넘 고마웠어!

퇴근 후에 보면 정말 잠깐밖에 못 보니까 아쉽다 ㅜㅜ

평일 데이트는 빨리 헤어져야 하니

앞으로는 주말에 쭈욱 길게 같이 보내장 ^^

"언니, 이거 무슨 뜻일까요?"

"앞으로 평일 말고 주말에 데이트하자는 거 아니야?"

187

"제가 뭘 잘못해서 이런 말 하는 거겠죠?"

"어?"

나는 지연이의 갑작스러운 자책이 너무도 당황스러웠다.

"그전에 싸웠었어?"

"아니요. 어제 제가 회사 끝나고 남자 친구를 만나러 갔었거든요. 기분 좋게 헤어졌는데 오늘 아침에 이렇게 말하니까 괜히 겁이 나서요."

"난 이 문자 보고, 그런 생각 별로 안 드는데? 내가 당황스러운 건 네가 일 끝나고 강북에서 강남까지 갔다는 사실이야. 너도 대단하다. 힘들지도 않냐?"

"남자 친구가 제 걱정을 해서 이렇게 말한 걸까요? 아닐까 봐 불안해요."

"야! 보기 싫으면 주말에도 보지 말자고 했겠지! 여기 '주말에 쭈욱 길게 같이 보내자'고 하고, 눈웃음 이모티콘도 보냈는데. 너도, 참!"

"그런가? 전 혹시 남자 친구가 절 귀찮아하는 건 아닌가 싶어서요. 혹시 제가 싫어진 건 아닌가 해서……"

"어휴! 이 답답아! 네가 남자 친구를 오라 가라 한 것도 아니잖아. 거기다 추운 날씨에 한 시간 넘게 걸려서 갔는데 귀찮다고 한다면, 그 사람은 그만 만나야지. 그걸 왜 고민하는 거야?"

난 지연이가 정말 이해가 되질 않아 다그쳤다.

"언니! 내가 어디 가서 이런 남자를 만나겠어요. 제가 만날 수 있는 가장 좋은 남자라고요! 가끔 이 남자가 날 좋아하는 게 좋다가도 아직도 왜 저를 좋아해주는지 헷갈려요."

"너 설마 요즘도 남자 친구한테 계속 물어보니? 왜 날 좋아하냐고?"

"어! 언니, 어떻게 알았어요! 남자 친구한테 왜 좋아하냐고 물어보면, 이제는 짜증 내요."

"너는 남자 친구가 왜 널 좋아한다고 생각하는데?"

"착해서? 다 맞춰주니까? 흐음…… 모르겠어요, 정말. 그렇게 잘난 사람이 굳이 나를…… 내가 뭐라고!"

"지연아! 네 얘기 들으니 언니는 너무 안타깝다. 고구마 100개 먹은 것처럼 속이 답답해! 내가 보기에는 네가 훨씬 더 아까운 것 같은데."

"에이! 무슨 소리예요. 언니는 날 너무 과대평가해요! 언니는 내 지인이니까. 얼마 전에 남자 친구 회사 선배네 결혼식에 같이 가서 동료들하고 인사 나눴는데 여자 동기들이 하나같이 키 크고, 예쁘고, 성격도 좋아 보여서 괜히 움츠러들었어요. 나는 키도 작고……"

"그래서 더 불안해졌어?"

관계의 마음

"지금 헤어지면, 누굴 다시 만나기도 힘들잖아요. 처음부터 다시 누군가를 알아가고, 다시 맞추려 애쓰는 것…… 이제는 너무 힘들어서 하고 싶지 않아요."

"지연아, 너 그 말, 지금 남자 친구 만나기 전에도 했던 것 기억나니? 그때도 내가 엄청 잔소리했었잖아. 정신 차리라고."

"엇! 그랬었나?"

"생각해봐. 그때도 넌 이렇게 불안해하고, 상대 반응에 민감해서 늘 맞추려고 애썼잖아. 또 그 연애가 끝나면 아무도 못 만날까 봐 두려워하고."

"뭐가 문제일까요?"

"너 스스로를 자꾸 다른 사람들하고 비교하면서 부족하다고 여기거나 못마땅해하잖아. 오히려 주변에서는 너를 있는 그대로 좋아해주는데."

"제가 잘 따라주지 않아도 그런 절 좋아해줄까요?"

나는 관계에서 자존감을 얼마나 지키고 있을까?

내가 잘못하면 상대가 떠날까 봐 늘 불안하다. ☐

상대에게 왜 나를 좋아하는지 자주 묻는다. ☐

상대의 의사결정, 취향, 성격 등에 주로 내가 맞춘다. ☐

지금 상대와 헤어지면 앞으로 또 다른 기회가 없을 것 같다. ☐

상대의 주변 사람들과 나를 비교하면 나 자신이 자꾸 움츠러든다. ☐

상대와 연락이 되지 않으면 불안해서 자꾸 연락에 집착한다. ☐

지금 교제 중인 사람이 내가 만날 수 있는 최선의 사람이라는 생각을
한다. ☐

상대의 말, 표정, 행동에 의미 부여를 하며 혼자 생각을 많이 한다. ☐

사소한 다툼이 있으면 내가 먼저 미안하다고 사과한다. ☐

솔직하게 말하면 상대가 나에게 실망할까 봐 말하지 않는다. ☐

✓ 1~3개: 자존감 만렙

높은 관계 자존감을 가진 당신! 그러나 관계 자존감은 상황에 따라 다시 낮아질 수도 있으니 끊임없이 관리하세요.

✓ 4~6개: 자존감 충전 중

당신의 관계 자존감은 높지도, 낮지도 않은 중간 정도입니다. 자존감이 높은 사람들과 자주 어울리며 관계 자존감 지수가 방전되지 않도록 충전하세요.

✓ 7~10개: 자존감 부재중

당신의 관계 자존감은 매우 낮습니다. 지금 맺고 있는 관계로부터 잠시 떨어져서 자기만의 시간을 갖고 자신이 원하는 것이 무엇인지 생각해보세요.

관계 코칭 원 포인트 레슨

'나에 대해 스스로 갖는 호감 또는 비호감의 태도'를 자존감이라고 합니다. 즉, 얼마나 스스로를 존중하고 사랑하는지를 의미하는 것이지요. 지금 낮은 자존감 때문에 고민인가요? 다행히 자존감은 변할 수 있습니다. 다음은 나의 자존감을 끌어올리고, 주변의 자존감 낮은 애인, 친구, 가족을 도울 수 있는 방법들입니다.

1. 나의 낮은 자존감 높이기

① 습관성 '비호감 언어'를 '호감 언어'로 바꾸자

자존감이 낮으면, 스스로를 비하하거나 한없이 낮추는 언어들을 습관처럼 사용합니다. 나도 모르게 관계를 유지하며 무심코 내뱉는 자기 '비호감 언어'를 '호감 언어'로 바꿔보세요.

- "내가 뭐라고!"
  ⇒ "나를 이렇게 챙겨줘서 고마워."
- "왜 나 같은 사람을 좋아해주지?"
  ⇒ "네가 나를 좋아해줘서 정말 기뻐."
- "혹시 나 때문에 화난 거야?"
  ⇒ "무슨 일 있으면 언제든지 얘기해."
- "나는 다 괜찮아. 네가 좋을 대로 해."
  ⇒ "나는 A가 좋은데, 네 생각은 어때?"

② SNS를 끊자

주변 커플들과 데이트 루틴, 이벤트, 선물 등 정보를 공유하기도 하는데요. 특히 SNS에 올라오는, 더없이 완벽하고 근사해 보이는 블로거나 유튜버 커플들의 모습을 자신과 비교하다

보면 '현타'가 오곤 하지요. 만일 자신이 현재 자존감이 낮은 상태라면 과감히 SNS를 끊고, 비교를 멈추세요. 나만 빼고 다 행복한 것 같아 보이지만, 누구에게나 남들은 모르는 자기만의 고민과 어려움이 있다는 사실을 잊지 말아야 해요. 타인의 SNS를 염탐하며 자존감을 갉아먹는 대신에 현재 상대와 함께 하는 일상에서 비롯된 감사한 것들을 찾아보세요.

③ 과잉 해석과 의심을 멈추자

뉴욕주립대학교 버팔로 캠퍼스의 샌드라 머레이Sandra Murray 교수는 기혼/비혼자를 대상으로 한 연구에서 파트너의 낮은 자존감이 관계를 망칠 수도 있다는 사실을 발견했어요. 낮은 자존감을 가진 사람들은 상대로부터 거절당하는 경험을 미리 예상하거나 의심하는데 이것이 연쇄적으로 관계에 부정적 영향을 미친다는 사실을 확인했다고 하지요. 또한 자존감이 낮은 사람들은 상대의 사랑을 과소평가하며 두 사람이 맞이할 미래를 비관적으로 예측했다고 합니다. 상대가 "사랑해"라고 말하면 "왜 나를 사랑해?"라고 반문한다거나 "당신, 예쁘다/멋지다"라는 말을 해도 '예의상 하는 말이겠지' 하며 시큰둥해하는 모습을 보이는 것이지요.

만일 상대가 나를 위한 호감과 애정을 표현할 때는 원인을 분석하려 하지 말고 의심을 거두고, 우선 "고마워!"라고 답하면 됩니다. 당신이 기분 좋게 호의를 수용해야 상대도 더 자주 애정을 표현할 거예요. 설사 상대가 조금 오버해서 "네가 진짜 우주에서 최고로 예뻐!"라고 말했다면 "널 만나려면 이 정도는 기본이지!"라며 은근슬쩍 상대를 위해주는 말을 하는 것도 관계를 위해서 좋습니다.

④ 자존감이 높은 사람을 찾자

앞서 소개한 머레이 교수의 연구에서는 커플 중 한 사람이라도 높은 자존감을 갖고 있다면 상대에게 안정감을 주고 그들의 사랑을 안심시켜줄 수 있기에 더 만족스러운 관계를 만들어갈 수 있다고도 제안했어요. 지금 내 주변에 자존감이 높은 친구를 한번 찾아보세요. 그리고 그들이 어떻게 스스로를 생각하고, 행동하는지 관찰해보는 겁니다. 그 사람이 할 수 있다면, 당신도 할 수 있어요! 다음은 자존감이 높은 사람이 보이는 네 가지 행동입니다.

- 타인과 비교하며 괴로워하지 않는다.
- 자신의 감정에 솔직하다 .
- 완벽하지는 않아도 자신이 무엇을 잘하고, 못하는지 잘 안다.

관계의 마음

- 자신만의 기준이 있다.

2. 주변 사람들의 자존감 높이기

주변에 자존감이 낮아 가끔 나를 힘들게 하는 사람들이 있곤 합니다. 나와 가까운 사람들이 그렇다면 나 역시 부정적인 영향을 받기 쉽습니다. 그들의 자존감을 높여주고, 관계를 잘 유지하는 방법을 알아보도록 하겠습니다.

① 선택권을 제시하되, 결정권은 양보하자

자존감이 낮은 사람들은 식사 메뉴를 선택할 때조차 쉽게 자신의 의사를 말하지 못할 때가 많습니다. "아무거나", "너 좋은 대로 해"라는 말로 의사결정을 피하니 항상 선택은 나의 몫일 때가 대부분이지요. 그런 사람들은 자신의 의사를 분명히 말하고, 선택할 수 있도록 도와줘야 합니다. 다만, 너무 많은 선택지를 두고 답을 제시하라고 하는 것은 이들에게 엄청난 부담이고 오히려 주눅이 들 수도 있어요. 따라서 이들이 의사결정에 익숙해지도록 선택지를 2~3개 정도만 주고, 최종 결정을 내리도록 제안해보세요.

여기서 끝이 아닙니다. 상대의 최종 선택을 함께하며 긍정적인 피드백을 공유해주세요. 당신의 그런 반응을 통해 상대는 자신의 의견을 말해도 안전하다는 느낌을 받고, 사소한 결정을 해나가면서 자신감도 커질 테니까요.

- "오늘 뭐 먹을래?"
  ⇒ "오늘 한식 또는 중식 중에 뭐 먹을래?"
- "와, 맛있다!"
  ⇒ "오늘 네가 메뉴를 너무 잘 골랐다. 여기 진짜 맛있는데!"

② 평가하지 말고 인정해주자

여러분들은 상대에게 충분한 칭찬과 인정을 해주나요? "아니, 뭘 잘한 게 있어야 칭찬을 하죠?"라고 반문하고 싶다고요? 잘한 것이 있어야 칭찬하겠다는 것은 상대를 '평가'하겠다는 것입니다. 평가는 상대가 어떤 기준을 충족했는지 여부를 판단하는 것인 반면, 인정은 상대의 수준에 상관없이 존재감을 알아주는 것입니다.

자존감이 낮은 사람들을 독려하기 위해서는 그들을 '잘했다/못했다' 평가하지 말고, 그들의 잠재력, 가치, 성품을 알아주는 인정의 말들을 충분히 해줘야 합니다. 그들은 자신을 항상 과소평가하며 '내가 부족한 것 같아', '실수하면 어쩌지' 하면서 늘 긴장하고 있으니까요. 다음은 바로 건넬 수 있는 인정의 말들입니다.

- "네가 내 여자 친구/남자 친구여서 난 참 든든해!"
- "내 곁에 있어줘서 정말 고마워!"
- "그렇게 날 위해주는 마음이 정말 귀해!"
- "우리 딸/아들이 세상에서 가장 소중해!"
- "너 같은 친구가 있어 정말 살 만하다!"

③ 비교는 절대 금물!

자존감이 낮은 사람들 앞에서는 절대 다른 사람들과의 비교는 금물이에요! 그들을 위한 애정 어린 충고든, 변화를 돕기 위한 충격 요법이든 간에 제3자와의 비교는 그들의 자존감을 바닥까지 내려가게 만듭니다. 당신이 비교하지 않아도 그들은 24시간 내내 타인과 자신을 비교하며 부족한 자신을 탓하는 것에 길들여져 있어요. 특히 연인 관계에서 옛 남자 친구/여자 친구를 들먹이며 하는 비교는 그들의 불안과 집착만 키울 뿐입니다. 무심코 내뱉는 형제자매 간의 비교도, 사회에서 또래들과의 우열을 가리는 언행도 피해야 해요. 사실 남들과의 비교는 자존감이 어마어마하게 높은 사람의 자존감도 갉아먹습니다.

- "옛 남자 친구/여자 친구는 이런 걸로 화 안 냈는데? 넌 왜 그래?"
- "내 친구의 남자 친구/여자 친구는 다 들어준다는데?"
- "지금 몇 살인데 너는 여태 그것도 못하니?"
- "엄마 친구 딸/아들은 벌써 취업해서 집 장만했대. 너는 언제 하니?"

관계의 마음

이별은
어떻게 해야
잘 하는 걸까요?

　매주 다양한 사람들이 모여 각자의 인생 도서를 소개하고, 서로의 생각을 나누는 독서 모임에서의 일이다. 꾸준히 모임에 참석하는 성실함이 인상적인 성윤 씨가 소설가 김형경 님의《좋은 이별》을 소개하며 이렇게 말했다.

　"저는 결혼을 전제로 만나던 친구랑 헤어진 지 6개월 정도 됐어요. 석 달은 폐인처럼 지냈나 봐요. 그런 제가 가여웠는지 누나가 어느 날 이 책을 말없이 제 방에 두고 나가더라고요. 처음엔 책 제목이 너무 어이가 없었죠. 저는 죽을 것처럼 괴로운데 '좋은 이별'이라니요! 화가 나서 한참 거들떠도 안 봤어요. 그런데 불면증 때문에 뭐라도 해야 할 것 같아서 책을 읽기 시작했고, 정말 위로가 많이 됐어요. 그래서 저처럼 이별 후유증을 겪고 계신 분이 계시면 추천하고 싶어서 오늘 이 책을 갖고 나왔어요."

자연스레 독서 모임의 주제는 '연인과의 이별'로 흘러갔다. 이윽고 예린 씨가 울먹이며 속상한 마음을 털어놓았다. 그녀는 정말 툭 건드리면 눈물을 당장이라도 쏟을 것 같았다.

"저한테 지금 딱 필요한 책이네요! 사실 저는 지금 헤어진 지 두 달이 되어가는데, '잠수 이별'을 당했어요. 대판 싸우고 난 후에 남자 친구가 생각할 시간을 갖자고, 다시 연락을 준다 하고는 아직까지도 연락이 없어요. 그 후로 눈뜨면 남친 SNS부터 확인하고, 혹시 연락이 올까 봐 종일 핸드폰만 보고 있어요. 매일 불안하고 초조한 기분으로 살다 보니 취업 준비도 망한 거 같고요. '일주일만 더 지나면 연락 오겠지, 조금 더 시간이 필요한가 보다, 나는 기다릴 수 있어' 하면서 스스로 희망 고문 했는데…… 시간이 갈수록 오히려 이 헤어짐을 받아들이기가 힘든 거 있죠. 제가 아직 어려서 이런 이별이 익숙하지 않은 걸까요?"

커리어 우먼의 아우라를 뿜는 소정 씨는 예린 씨의 이야기에 자기 일처럼 격노했다.

"잠수 이별이요? 와, 진짜 매너 없네요. 사람 애타게 하고 혼

관계의 마음

자만 동굴에 들어가서 끝낸 거네요? 비겁하다, 비겁해! 끝을 분명히 해줘야 정리를 하지! 예린 씨는 그래도 나보다 나아요. 전 3년 만난 남자한테 카톡으로 이별 통보받고, 바로 차단당한 적도 있어요. 그때 상처가 너무 커서 한 2년간 연애를 못했죠. 그러다 보니 벌써 서른 중반이 된 거 있죠. 이별은 나이가 많다고 더 쉽거나 잘 할 수 있는 게 아니더라고요. 매번 힘들고 낯설어요. 어릴 때는 경험이 없어 힘들고, 나이 들어서는 아는 만큼 더 두렵고요."

"저는 두 분 이야기 들으니 사실 너무 부끄럽네요. 제가 너무 비겁해서요."

민우 씨가 조심스레 자신의 이야기를 꺼냈다.

"저는 2년 만난 여자 친구랑 아직 헤어지진 않았어요. 다만 이별을 어떻게 말해야 할지 고민하고 있어요. 여자 친구가 많이 의존적이고 예민하거든요. 혹시나 제가 헤어지자고 말하면 너무 힘들어서 극단적인 행동을 할까 봐 말도 못하고 시간만 흘려보내는 중이에요."

"에이! 이별 고민은 누구나 하는 건데, 뭐가 비겁하다고 생각해요. 방금 우리가 한 말은 나쁜 남자들을 두고 한 이야기니 마음에 담지 마요."

"저도 솔직히 얼굴 보고 '헤어지자'고 말할 자신이 없어요.

그래서 잠수 타버릴까, 문자로 말할까 고민했고요. 요즘은 차라리 여자 친구가 나한테 먼저 '그만하자' 해주길 바라요. 그래서 일부러 더 툴툴거리고, 싫어하는 행동도 하고요. 말하고 보니 저도 진짜 비겁한 남자네요. 내가 나쁜 사람이 되기 싫은 마음도 있거든요. 솔직히⋯⋯"

"여자 친구 분이 많이 예민하다고 하셨죠? 저는 민우 님이 왜 그렇게 고민할 수밖에 없는지 십분 이해해요. 저도 남자 친구와 '안전 이별' 하느라 정말 오래 고생했거든요."

쓸쓸하던 민우 씨를 감싸며 지혜 씨가 대화를 이어갔고, 소정 씨는 '안전 이별'이라는 말을 생소해하고 신기해했다.

"안전 이별요? 그건 또 뭐죠?"

"연인 관계에서 상대가 헤어지자 하면 수용 못 하고, 폭력적으로 돌변해서 정신적·신체적 위협을 하는 사람들이 있잖아요. 그런 사람들과 최대한 서로 다치지 않게 아무 일 없이 헤어지는 걸 두고 요즘 '안전 이별'이라고 한대요. 저는 전 남자 친구가 집착이 너무 심해서 헤어지자고 했더니 직장이며 집 근처에 불쑥불쑥 나타나고 스토킹하듯 연락해서 제대로 정리하느라 오랫동안 힘들었어요. 만난 기간보다 헤어지는 과정이 더 길었을 정도예요. 휴우."

"어휴, 왜 이렇게 다들 짠해요. 사연 없는 사람이 없네."

관계의 마음

소정 씨의 말에 다들 씁쓸한 표정으로 '웃픈' 표정을 지었다. 성윤 씨도 긴장이 풀린 듯 보였다.

"제가 오늘 너무 어려운 주제를 제안해서 미안해요. 여러분들 얘기 들으면서 공감도 되고, 위로도 받았어요. 저 혼자만 이별에 쩔쩔매고 힘들어하는 것 같아서 스스로 바보 같다고 자책 많이 했는데…… 여기 동지들이 많네요. 하하!"

"차는 사람도 차이는 사람도 이렇게 힘든데, 좋은 이별은 진짜 어떻게 하는 거죠?"

나는 얼마나 이별에 잘 대처할 수 있을까?

나는 이별에 쿨하지 못하다고 생각한다. ☐

이별 후 남들보다 오래 괴로워하는 내가 문제가 있다고 생각한다. ☐

이별의 상처로 다른 사람을 쉽게 만나지 못한다. ☐

이별의 원인을 내 탓으로 여겨 죄책감을 느낀다. ☐

왜 헤어지게 되었는지 계속 생각한다. ☐

이별하자고 말하면 나쁜 사람이 되는 것 같아 피하고 싶다. ☐

이별 후 재회에 집착한 적이 있다. ☐

이별 후 더 좋은 사람을 못 만날 것이라고 생각하며 후회한다. ☐

상대의 반응이 두려워 이별을 말하지 못한 적이 있다. ☐

매번 연인과 이별하는 이유가 비슷하다. ☐

✓ 1~3개: 이별 면역력 완성

당신은 이별을 어쩔 수 없는 일이었다고 생각하고 있습니다. 다음 만남을 위해 서서히 준비하세요.

✓ 4~6개: 이별 기초 면역력 생성 중

당신은 헤어짐이 슬프기는 하지만 충분히 견딜 만한 상태입니다. 충분한 애도의 시간을 갖고 회복하세요.

✓ 7~10개: 이별 면역력 취약

당신은 이별로 인한 후유증으로 고통스러운 상태입니다. 주변에 도움을 요청하고 가급적 혼자 있는 시간을 줄이도록 하세요.

관계 코칭 원 포인트 레슨

　연인을 만나는 것보다 헤어지는 것이 더 힘들기 마련입니다. 이별은 말하는 사람도, 듣는 사람도 어렵기는 마찬가지고요. 인연이 다해 헤어져야 할 때, 조금이라도 서로의 상처를 줄이는 이별 대처법을 제안합니다.

1. 이별을 말할 때

① 스스로 가해자가 되지 마라

'매너가 사람을 만든다Manners maketh man'. 영화 〈킹스맨〉의 유명한 대사, 다들 기억하시죠? 소개팅 자리의 남녀는 킹스맨의 후예들처럼 '매너가 사람을 만든다'를 넘어 '매너가 사랑을 만든다'는 자세로 서로에게 최선을 다해 첫 만남을 갖습니다. 그렇게 정중하게 사랑을 시작했으면서 이별을 앞두고는 가식적인 매너조차 내팽개치는 사람들이 많지요. 문자 하나로 몇 년의 관계를 정리하거나 아무 말 없이 숨어버리기도 하는 식으로요. 세상에 '좋은 이별'이 없듯 '나쁜 이별'도 없습니다. 다만 '비매너 이별'은 이별의 '가해자'와 '피해자'를 만들지요.

꼭 기억하세요. 헤어지는 순간까지도 인연의 과정입니다. 그래서 첫 만남보다 마지막 만남에 내가 할 수 있는 예의를 다해야 해요. 이제 상대에게 애정이 없는데, 마지막 순간에 애쓸 필요가 있냐고요? 이별 매너를 갖추는 것은 상대를 위하는 것 같지만, 사실은 '나'를 위한 것입니다. 최선을 다해 정리하는 용기를 냈을 때, 내가 비로소 자유로워질 수 있는 것이지요. 이별을 말할 때는 반드시 상대를 직접 만나 정중하게 이야기를 나누세요.

관계의 마음

다음은 사랑했던 사람을 피해자로 만들지 않고, 스스로 가해자가 되지 않기 위해 절대 하지 말아야 이별 선언들이니 꼭 명심하세요.

- **언택트untact 이별 선언:** SNS 메시지 전송 후 차단하는 것.
- **취중 이별 선언:** 술에 취해 횡설수설하며 이별을 고하는 것.
- **지인을 통한 이별 선언:** 같이 어울리는 지인에게 먼저 이별을 말해 당사자가 건너서 소식을 듣게 하는 것.
- **무한 잠수 이별 선언:** 어떤 말도 하지 않고 일방적으로 연락을 차단하거나 잠수를 타서 간접적으로 이별을 선언하는 것.
- **'디스disrespect' 이별 선언:** 상대의 잘못을 탓하고 비난과 폭언을 퍼부으며 이별을 선언하는 것.

② 열린 결말로 '희망 고문' 하지 말자

드라마를 재미있게 시청해왔는데 주인공들의 관계가 '열린 결말'로 끝나서 찜찜했던 경험, 다들 있으시지요? 이런 경우는 이별 상황에서도 흔히 볼 수 있습니다. 또 매너를 지키라고 했더니 상처주기 싫어서 애매모호한 말들로 이별을 전하는 사람들도 많지요. 비겁하게 나의 미련을 위해서도 슬쩍 여운을 남기면 상대는 열린 결말과 모호한 이별의 말에 지푸라기라도 잡는 심정을 갖게 됩니다. '끝날 때까지 끝난 게 아니야'라며 쓸데없는 투지를 불태우기도 하지요. 그렇게 '희망 고문'을 자처하게 됩니다. 상대가 이미 끝난 관계를 두고 스스로 희망 고문하며 오랫동안 힘들지 않기를 바란다면, 열린 결말 형태의 이별의 말을 닫힌 결말의 형태로 바꿔서 전하세요! 이별의 말은 명료해야 합니다.

열린 결말의 말들		닫힌 결말의 말들
"사랑해서 헤어지는 거야."	⇒	"더 이상 널 사랑하지 못해 안타깝다."
"우리, 친구로 지내자."	⇒	"나는 앞으로 친구로 지낼 수 없어."
"많이 보고 싶을 거야."	⇒	"다시 못 보겠지만, 잘 지내길 바라."

2. 이별을 통보받았을 때

① 이별의 단계를 겪어나가자

여러분들은 이별 후 얼마나 시간이 지나면 괜찮다고 느껴지던가요? 흥미로운 것은 교제 기간이 짧다고 해서 더 쉽게 회복되는 것도 아니고, 처음에는 괜찮다가도 갑자기 밀려드는 감정의 후폭풍에 당혹스러울 때도 있습니다. 주변에서 걱정스러

관계의 마음

운 마음에 "너 아직도 힘들어해?"라는 말을 듣기라도 하면, 혹시 '내가 이별의 충격이 너무 커서 이상해진 걸까?', '내가 평생 이렇게 고통받으면 어떡하지?' 하는 두려움이 앞서기도 하지요.

스위스 출신의 미국 정신과 의사 엘리자베스 퀴블러 로스 Elizabeth Kübler-Ross는 죽음에 관한 연구를 통해 상실을 겪은 사람들이 보이는 5단계의 반응을 알아냈습니다. 바로 '부정-분노-협상-우울-수용'의 단계입니다. 암 환자들이 죽음을 앞두고 자신의 죽음을 수용하는 과정을 연구한 결과로 흔히 '죽음의 단계'로 일컬어지지만, 이별로 인한 상실의 심리적 반응도 이와 유사하기 때문에 이 과정은 '이별의 단계'로 불리기도 하지요.

- **부정**: "아니지? 너 갑자기 왜 그래? 장난치지 마!"
- **분노**: "어떻게 네가 나한테 그럴 수 있어!"
- **협상**: "내가 더 잘할게. 조금만 더 생각할 시간을 갖자."
- **우울**: "너 없으면 나는 아무것도 아니야. 나는 너 없이는 못 살아."
- **수용**: "그래. 그동안 고마웠어. 행복해."

이렇듯 이별로 상실감을 겪는 사람들은 개인마다 정도의 차이는 있지만 상실감을 수용하기까지 유사한 과정을 거치게 됩니다. 그만큼 이별로 인한 상실의 감정과 애도의 과정은 자연스럽고, 당연한 것이지요. 물론 모든 단계를 전부 다 거쳐야 하는 것은 아닙니다. 그러므로 내가 왜 빨리 이별 후유증을 극복하지 못하고 있는지 자책하지 말고, 조급해하지도 마세요. 충분히 시간을 갖고, 내 안의 상실감을 충분히 애도하고 살펴주세요.

② 반성은 하되, 자책을 멈추자

떠난 사람도 남는 사람도 정도의 차이는 있지만, 이별 뒤에는 '미련'과 '후회'라는 후유증을 겪습니다. 그렇지만 '내가 조금 더 이해할걸', '내가 참았으면 더 나았을까?', '내가 너무 무심했어', '내가 그때 왜 그랬을까'라는 자책은 겹겹이 쌓여 결국 '이 관계를 망친 것은 다 나 때문이야'로 귀결되고 맙니다.

그렇게 한없이 내가 작아지는 동안 상대는 더 좋은 사람으로 그 존재가 커져버려서 내가 다시 만날 수 없을 만큼 멋진 사람으로 이상화되기도 하지요. 하지만 이 사실을 꼭 기억하세요! 어떤 관계든 한 사람만 잘해서 유지될 수 없고, 한 사람만 잘못해서 깨지지 않습니다. 사랑하는 마음이 변하는 것은

관계의 마음

한 사람의 잘못도, 쌍방 과실도 아니에요. 그저 그 누구도 어쩔 수 없었던 문제입니다. 그러므로 다음과 같이 죄책감의 언어를 바꿀 수 있도록 노력하세요.

- "내가 잘못해서 헤어진 거야."
  ⇒ "누구의 잘못도 아니야."
- "내가 그때 왜 그랬을까?"
  ⇒ "다음번에는 똑같은 실수는 하지 말아야지."
- "나는 누구를 더 사랑하면 안 돼."
  ⇒ "다시 누군가를 사랑한다면 더 노력해야지."

③ 내가 잘했던 것을 떠올리자

미련과 후회의 죄책감은 내가 그 관계에서 잘하지 못한 것에 집중되어 있는 감정입니다. 그 반대로 내가 상대에게 잘했던 것들, 잘하려고 애썼던 것들, 상대가 내게 고마워했던 것들을 생각해보세요. 나도 상대에게 받은 것들이 많지만, 나 역시 상대를 위해 분명 노력하고 애쓴 것들이 있을 거예요. 스스로를 미화하라는 것은 아닙니다. 내가 잘한 행동과 아쉬운 행동들을 구분함으로써 모든 것을 다 내 탓으로 몰고 가지 않을 수 있어요.

④ 나와 대화하자

남녀가 서로 사랑하는 과정에서는 나도 몰랐던 내 모습을 발견하여 낯설고 당황스러운 경우가 있곤 합니다. 이와 마찬가지로 이별 또한 나를 더 이해하는 계기가 되지요. 특히 몇 번의 이별을 반복하다 보면, 관계에서 갈등을 유발하는 비슷한 패턴을 발견하게 되기도 하고, 나의 애착 유형, 유독 나와 잘 맞거나 맞지 않은 사람들을 알 수 있지요. 그래서 연애는 타인을 이해하는 과정이기도 하지만, 내 안의 진짜 나를 마주하고 알아가는 과정이기도 합니다. 그래서 이별은 우리에게 잠시 홀로 나 자신을 점검하는 계기를 선사하기도 하지요.

그런데 우리는 보통 이별 후 불안한 마음 때문에 계속해서 친구들을 만나 하소연하거나, 술로 옛 연인을 잊어보려고 하는 등 회피합니다. 꼭 기억하세요. 이별 후의 시간이 진솔할수록 우리는 더 성숙해지고, 나와 더 잘 맞는 사람을 만날 기회를 맞이하게 됩니다. 다음은 이별 후 스스로에게 묻고 답하는 과정에서 성장으로 나아갈 수 있도록 도와주는 질문들입니다. 충분한 시간을 갖고, 나와 대화해보세요. 부디 당신에게 또 다른 인연의 행운이 찾아오기를 바랍니다.

- 현재의 이별이 과거의 이별과 같은 점/다른 점이 있다면

무엇인가?

- 이번 연애에서 가장 좋았던 점은 무엇인가?
- 이번 연애에서 내가 가장 아쉬운 것은 무엇인가?
- 이번 연애를 통해 나에 대해서 새롭게 알게 된 것은 무엇인가?
- 지금까지 만남들을 돌이켜보았을 때, 나와 잘 맞는 사람은 어떤 유형의 사람인가?
- 내가 생각하는 이상적인 연애는 어떤 형태인가?
- 나는 사랑하는 사람이 어떤 식으로 나를 대해주기를 기대하는가?
- 내가 다른 사람을 만나 사랑한다면, 절대 반복하고 싶지 않은 한 가지는 무엇인가?
- 상대에게 꼭 하고 싶었는데 하지 못했던 말은 무엇인가?

적당히 눈치 챙기기,
왜 이렇게 어렵죠?

"어? 누나 앞머리 잘랐네? 훨씬 어려 보인다. 잘 어울려요!"

눈썰미가 좋은 진수는 내 헤어 스타일 변화를 알아보고는 엄지를 추어올리며 나를 반겼다.

"역시 사회생활 하니까 너 립 서비스 실력이 엄청 늘었다!"

"그럼요! 누나, 나 사회생활로 눈칫밥 먹은 지도 벌써 3년 차예요! 요즘은 눈치랑 뱃살만 늘어요. 흐흐."

코트를 벗고 자리에 앉는데 진수가 옆 테이블을 눈빛으로 가리키며 작은 목소리로 내게 말했다.

"누나, 근데 저기 남자랑 여자 있잖아요. 둘이 잘될 거 같아. 그런데 그 옆 커플은 여자 표정이 영 틀렸어."

관계의 마음

주변을 보니 두 테이블 모두 소개팅을 하는 남녀들이 맞았고, 진수의 말처럼 분위기가 사뭇 달랐다.

　"오! 어떻게 한 번에 알았어?"

　"누나 기다리면서 계속 지켜봤거든요. 저 커플은 대화가 잘 통하는지 계속 얘기가 끊이질 않더라고요. 아예 의자에서 등 떼고 서로를 향해 몸을 기울이고 있잖아. 느낌 좋아!"

　"와! 진짜 너 눈치 정말 대박이다. 그런 것도 다 알아챌 정도면! 네 앞에서는 절대 거짓말 못 하겠다. 나 오늘 조심해야지."

　"으하하, 걱정 마요! 알아도 모르는 척해주는 센스까지 있으니까!"

　"이야! 그 정도면 눈치 끝판왕 아니야?"

　"음…… 사실 그래서 은근 스트레스예요. 제가 남들보다 눈치 빠른 건 맞는데, 그만큼 눈에 보이고 느껴지는 게 더 많으니 챙겨야 할 것도, 신경 쓸 것도 어마어마해요."

　"얘, 재밌다! 회사생활 할 땐 오히려 눈치 빠른 게 도움되지 않아?"

　"음, 출근하자마자 팀장님 기분 알아차리고, 저기압일 때는 보고 안 하는 거? 또 적당히 바쁜 척 치고 빠지는 기술 정도랄까?"

　"오! 그게 가장 중요한 사회생활 스킬 아니야? 대단한데! 회사 사람들도 너 눈치 빠른 거 다 알지?"

"아뇨, 이 누나가 뭘 모르네! 진정한 눈치왕은 내가 눈치 빠른 것을 절대 티 내지 않는 거라고요!"

"그 정도 경지면 정말 눈치 천잰데!"

"아, 근데 요즘 너무 스트레스 받는 일이 있어요!"

"뭔데?"

"후임으로 신입 사원이 하나 들어왔는데, 진짜 아예 눈치가 없어요."

"에이, 일부러 그러겠어? 어느 정돈데 그래?"

"'법카'도 아니고 개인 카드로 선배가 커피 사주는데 가장 비싼 걸 고르질 않나……"

"그거야 뭐, 막내니까 귀엽게 봐줘라!"

"네, 그 정도는 애교라고 쳐요. 문제는 요즘 중요한 팀 프로젝트가 있어요. 팀원들 모두 재택 포기하고 심지어 밤 10시까지 야근하는데, 혼자 재택 근무한다고 출근을 안 하는 거예요. 코로나 때문에 위험하다고요!"

"와! 신입이 패기가 대단한데? 사회생활 처음 해봐서 뭘 모르나 보네. 더 자세히 가르쳐줘야 할 거 같은데…… 눈치가 없다기보다는 밀레니얼 세대여서 그런가?"

"누나! 나도 밀레니얼 세대예요! 걔랑 나랑 두 살 차이밖에

관계의 마음

안 난다고요! 이건 나이, 경험이 부족해서 그러는 게 아니에요. 진짜 그럴 때마다 제가 오히려 상사들 눈치 보느라 미치겠어요."

"너 진짜 속 터지는구나. 그 후임 때문에?"

"얼마 전에는 이런 일도 있었어요. 팀장님 빼고 팀원들끼리 편하게 얘기하는 단톡방이 있는데요. 이 친구가 회식 중에 팀장님한테 그 단톡방 얘기를 하더라고요!"

"어머! 내가 등골이 다 오싹하다."

"그것 때문에 그 뒤로 회식 분위기 완전 엉망진창이었지 뭐예요. 우리 팀장님이 그래도 나름 좋은 상사인데, 그날 이후로 살짝 삐졌다고 해야 하나? 어우! 팀장님 눈치 보느라 또 팀원들이 얼마나 조심하는지 몰라요, 요즘."

"네가 둔감하면 또 모를까. 가뜩이나 예민하고 눈치 빠르니 무시도 못 하고 진짜 답답하겠네."

"가끔은 그 후배가 팀에서 천덕꾸러기처럼 되어버려서 안타깝기도 해요. 그런데 계속 엮이자니 저도 너무 피곤하고…… 누나, 진짜 이런 눈치 없는 친구는 어떻게 데리고 일해야 해요?"

나는 얼마나 눈치가 있을까?

나는 타인의 기분을 빨리 알아차린다. ☐

나는 타인의 행동에 따라 내 행동을 빠르게 바꿀 수 있다. ☐

나는 사실 눈치가 빠르지만, 사람들은 그 사실을 모른다. ☐

눈치가 빨라 피곤하다고 느낀 적이 많다. ☐

나는 타인의 말과 감정에 잘 공감한다. ☐

나는 나도 모르게 늘 주변 상황을 관찰하고 있다. ☐

알고 싶지 않은 타인의 속마음이 보여 실망하기도 한다. ☐

알면서 모르는 척하는 상황도 있다. ☐

사람들을 만나고 돌아오면 매우 피곤함을 느낀다. ☐

본능적인 직관에 의지하여 사람과 상황을 판단하기도 한다. ☐

관계의 마음

✔ 1~3개: 눈치 제로

당신은 눈치가 부족한 편입니다. 욕먹기 전에 주변 사람들을 세심히 관찰해 보세요.

✔ 4~6개: 보통 사람

당신은 적당히 눈치를 갖고 있습니다. 그러나 때로는 속도와 민감도를 높이고 상황을 파악하세요.

✔ 7~10개: 눈치 백 단

당신은 주변 분위기를 금방 알아채는 사람입니다. 그렇지만 과유불급! 때로는 알아도 모른 척하는 센스가 필요합니다.

관계 코칭 원 포인트 레슨

눈치 없는 동료와 일하느라 속 터지는 사람, 눈치 없다고 욕먹는 사람, 또 눈치 보느라 너무 힘든 사람들을 위해 '눈치 대책 종합 세트'를 준비했습니다.

1. 눈치 없는 사람 때문에 답답할 때

눈치가 없다고 해서 그런 사람들과 매번 손절할 수는 없는 노룻입니다. 사람은 착한데, 일은 잘하는데, 눈치가 없는 친구나 동료 때문에 힘들다면 어떻게 관계를 유지해나가야 할까요?

① 세세한 것까지 말해주자

눈치 없는 사람들의 행동을 지켜보고 있으면 답답하기도 하고, 황당한 경험을 하기도 합니다. 우리를 더욱 환장하게 하는 것은 그들이 알면서 모른 척한다거나 일부러 무심한 것이 아니라 정말 뭘 몰라서 눈치 없는 행동을 반복한다는 사실이지요. 그래서 가슴에 참을 인(忍) 자를 수백 개씩 새기며 타이르다 보면, '내가 이런 것까지 말해줘야 하나?' 스스로에게 묻게 되지요. 그런데 그 말이 맞습니다. 내 생각에 '이런 것까지'로 여겨지는 것도 눈치 없는 사람에게는 일일이 설명해줘야 합니다. 그 사람의 나이, 학력, 경험 등에 근거해 미루어 짐작해서 '그 정도는 잘 알겠지' 하는 기대는 넣어두세요. 당신 혼자만의 착각입니다.

- '이런 것까지 말해줘야 하나?'
  ⇒ '이런 것도 다 말해줘야겠구나.'

관계의 마음

② 절대 돌려서 말하지 말자

상대에게 요청이나 거절, 부정적 피드백을 전달하는 것은 누구에게나 사실 부담스러운 일이지요. 그래서 많은 사람들이 어려운 이야기는 돌려서 간접적으로 말하거나 미묘하게 뉘앙스만 전한다거나 말 대신 행동으로 보여줍니다. 만일 눈치가 빠른 사람이라면 이 정도로도 상황을 이해하겠지만, 눈치 없는 사람들은 '이 정도로 표현했으면 알아챘겠지'라는 기대가 무색하게 절대 모릅니다. 따라서 눈치 없는 사람들과 대화를 할 때는 반드시 구체적이고, 분명한 단어를 사용해야 합니다. 내가 필요한 것을 분명히 말하고, 피드백을 줘야 하는 상황이라면 해야 할 것과 하지 않아야 할 것을 비난과 판단이 배제된 중립적인 언어로 표현해야 하지요.

- 직장에서 후배에게 도움을 요청하고 싶을 때
  "요즘 일이 너무 많아서 누가 좀 도와줬으면 좋겠네."
  ⇒ "일이 너무 많은데 나 좀 도와줄래?"

- 친한 친구가 잘 계산하지 않아 불만을 전하고 싶을 때
  "오늘 잘 먹었어!"
  ⇒ "오늘은 네가 사라. 다음번엔 내가 살게!"

2. "눈치 좀 챙겨"라는 말을 듣는 사람을 위한, 눈치 키우는 법

눈치는 정말 타고나는 것일까요? 평생 "너는 왜 이렇게 눈치가 없냐"는 말을 들어야 할까요? 아닙니다. 눈치는 키울 수 있어요! 다음은 일상에서 바로 적용이 가능한 '눈치 업그레이드' 방법입니다.

① 관심을 갖고 주변을 관찰하자

눈치가 빠른 사람들의 특징은 레이더가 늘 주변을 향해 있습니다. 사람들의 미묘한 변화도 잘 알아차리고 감지할 수 있는 것은 평소 관찰의 힘이지요. 예컨대 애인이 헤어 스타일을 바꿨다고 칩시다. 눈치 백 단이 아니어도 그 사실을 쉽게 알아차릴 수 있을 거예요. 내가 자주 만나고, 애정을 가진 대상이니까요. 즉, 관찰은 사람들에 대한 호기심과 애정에서 시작됩니다. 주변 사람들의 반복되는 행동이 파악하면, 잘 기억해두세요. 이를테면 커피를 마시지 않아 카페에서 늘 차를 주문하는 동료에게 커피를 사다주는 실수는 하지 않겠지요. 주변 지인들의 성향과 습관 등에 대해 알아두면 눈치를 넘어 센스까지 있다고 칭찬받을 수 있으니, 주위에 관심을 갖고 다음과 같

관계의 (마음)

은 내용을 관찰해보세요.

- 나의 동료/친구가 즐겨 먹는 메뉴는?
- 나의 동료/친구가 평소에 자주 쓰는 단어는?
- 나의 동료/친구가 기쁠 때 보이는 행동은?
- 나의 동료/친구가 짜증 날 때 보이는 행동은?

② 속마음의 신호들을 미리 학습하자

사람들은 단어뿐만 아니라 무의식적으로 어조, 말투, 뉘앙스, 몸짓으로 자신의 속마음을 표현합니다. 호감 있는 상대를 만나면 몸이 상대 쪽으로 기울고, 지속적으로 눈을 맞추는 등 소위 '미러링mirroring'이라고 하는 상대의 몸짓 따라 하기를 하게 되지요. 반면에 비호감인 사람과 대화를 할 때는 팔짱을 끼거나 몸을 뒤로 젖히고, 눈 마주치지 않기, 핸드폰 만지작거리기 등 거리를 두는 행동을 합니다. 만약 상대가 거짓말을 하고 있다면, 콧잔등을 만지거나, 입을 가린 채 말하는 행위를 할수도 있습니다. 이렇게 상대가 보이는 비언어적인 몸짓들을 알아두면, 아는 만큼 보일 테니 상대가 굳이 말하지 않아도 그마음을 읽고 적절하게 대처할 수 있겠지요?

③ 상대가 내게 기대하는 것을 늘 먼저 생각하자

'눈치가 없다'라는 꾸지람을 듣게 되는 경우는 대부분 상대방의 기대에 나의 말과 행동이 부응하지 못할 때입니다. 상대와의 관계에 따라 내 역할이 달라지는 만큼 그 기대도 상이합니다. 나에게는 누군가의 친구, 동료, 애인, 가족으로서의 다양한 임무가 있으니까요. 이럴 때 내 역할에 따라 상대가 나에게 기대하는 것이 무엇일지 먼저 생각하고 행동하면, '눈치가 없다'는 말을 들을 확률이 내려갑니다.

예컨대 직장에서 팀장님은 내가 팀원으로서 일을 잘 처리하고, 동료들과 잘 협력하기를 기대할 것입니다. 집에서 엄마는 나에게 딸로서 엄마의 고민을 잘 들어주기를 바랄 수 있겠지요. 이처럼 관계에 따라서 사람들마다 내게 거는 기대가 다름을 알아야 합니다. 거꾸로 다음과 같이 상대에게 먼저 기대하는 바를 물어봐도 좋습니다.

- "팀장님, 제가 더 챙기거나 노력할 것들이 있을까요?"
- "엄마는 내가 어떤 딸이면 좋겠어?"

관계의 마음

3. 눈치를 너무 많이 봐서 힘든 사람을 위한,
적당히 눈치 보는 법

눈치를 너무 많이 보다 보면, 예민한 만큼 남들은 알아차리지 못하는 일로 스트레스를 받을 확률이 높습니다. 스트레스를 덜 받고 적당히 눈치 보는 노하우를 알려드립니다.

① 굳이 되묻지 말자

"여기 맛있다, 그렇지?", "오늘 정말 날씨 좋다, 그렇지?" 등 부가의문문 형태의 질문은 모르는 것이 있어서 묻는 질문이라기보다 상대의 의견을 확인할 때 많이 쓰입니다. 눈치를 많이 보는 사람들은 습관적으로 상대의 저항을 막으며 동조를 구하거나, 의견을 꼭 물어보는 경우가 많습니다. 하지만 자신 있게 내 의견만 말해도 충분해요. "나는 여기 음식 맛있어!", "오늘 날씨 정말 좋다!"처럼요.

② 셀프 모니터링을 낮추자

미국 심리학자 마크 스나이더Mark Snyder는 사람들이 타인의 언행에 맞춰 자신의 행동을 조절하는 능력을 '셀프 모니터링self-monitoring'이라는 개념으로 정의했어요. 눈치를 많이 보는 사람들은 상대의 반응에 매우 민감한 만큼 유연하게 자신의 행동을 지속적으로 점검하고 조정합니다. 대화 중 상대가 하품을 반복하면 얼른 화제를 바꾸거나, 상대의 질문에 상대가 내게 기대하는 답을 하기 위해 노력하는 것이 그 예입니다. 늘 '다른 사람들이 나를 어떻게 볼까?' 생각하면서 스스로에게 끊임없이 물으며 자신의 행동과 감정, 태도를 자제하고 수정하는 것이지요. 스스로 판단하기에 셀프 모니터링 경향이 너무 높아질 때, 아래와 같은 질문을 절대 스스로에게 던지지 마세요!

- '혹시 내가 뭘 잘못했나?'
- '나 때문에 기분이 안 좋은가?'
- '나한테 서운한가?'

③ 눈치로 다 알 수 있다고 착각하지 말자

'우리 팀장님이 아무 말도 안 하면 진짜 화난 거야!', '이 대리는 기분 좋으면 꼭 머리를 만지더라.' 눈치가 빠른 사람은 주변 사람들의 평소 말과 행동에 대한 관찰 데이터가 쌓여 있어서 그들의 감정까지도 미리 알아차리곤 합니다. 그래서 사람들의 마음을 '내가 다 읽고 있다'라고 생각하며 자만할 수도 있

관계의 마음

지요. 하지만 이런 생각은 위험합니다. 나의 생각이 오해이거나 잘못된 판단일 경우도 많으니까요.

또, 상대가 기분이 안 좋아 보인다고 해서 알아서 말을 걸지 않고 행동을 조심한다면, 상대가 더 좋아할까요? 아닐 수도 있습니다. 그들은 자신의 기분이나 생각을 다른 사람들이 묻고 확인해주기를 바라고 있을지도 모릅니다. 이럴 때는 상대에게 물어보세요. "오늘 기분 괜찮아?"라고요.

젊은 꼰대가 될까 봐
아무 말도
못하겠어요!

한 중소기업의 대리 승진자들을 대상으로 소통 워크숍을 진행했을 때의 일이다. 참여자 대부분은 30대 초반으로 직장 3년 차였다. 이들은 승진과 동시에 신입 사원의 멘토 역할을 맡게 되어 동료들과 함께 '멘티들과 잘 지내는 법', '좋은 멘토 되기' 등의 주제로 이야기를 나누었다.

"저는 '설마 나도 혹시 젊은 꼰대?'라는 생각을 요즘 많이 해요."

디자인팀의 이 대리가 용감하게 자신의 고민을 꺼냈다.

"저는 이전 회사에서 상사가 '찐' 꼰대여서 도망치듯 1년 만에 이직했거든요. 그래서 '나는 절대 후배들한테 꼰대짓 하지

관계의 마음

말아야지' 하고 수백 번 결심했었는데…… 현실은 만만치 않더라고요. 요즘은 저도 꼰대처럼 보일까 봐 신경 쓰는 일이 점점 많아졌어요."

자신의 마음을 그대로 대변해주는 동료의 말에 놀란 영업팀 박 대리도 말을 보탰다.

"이 대리님 말에 완전 공감해요! 저도 후배들한테 지적할 것들이 있어도 '나보고 젊은 꼰대라고 하겠지?'라는 생각에 눈치만 보다 결국 말을 못해요. 사실 업무적으로 피드백 하는 건 당연한 건데도 너무 조심하게 되는 느낌이랄까요? 그래서 엄청 답답해요."

"저도요! 박 대리님은 어떤 상황에서 주로 꼰대가 될까 봐 걱정하나요?"

이 대리가 안타까운 듯 물었다.

"며칠 전에 후배들한테 그들이 모르는 회사나 팀의 예전 상황 얘기를 해줬어요. 자연스럽게 전과 지금을 비교하면서 설명했을 뿐이었는데 제가 말을 마치니 분위기가 완전 싸늘해지더라고요. 후배들이 눈빛으로 '너도 꼰대냐'라면서 단체로 레이저 쏘는 느낌이었어요."

"하하, 도대체 뭐라고 했었나요?"

"내가 신입 사원 때는 정말 힘들었다, 너희는 지금 엄청 편한 거다 하는 식이었죠. 사실이 그렇잖아요. 우리 신입 사원 때 칼퇴가 가능했나요? 저는 팩트에만 충실했다고요!"

박 대리는 억울한 듯 이야기했고, 조용히 듣고 있던 인사팀 양 대리도 안타깝지만 어쩔 수 없다는 듯 웃으면서 말했다.

"전형적인 '라떼는 말야' 기법 나왔네요! '라떼'는 우리 팀장님들 건데 벌써 뺏으면 어떡해요! 저는 팀장님이 번개로 팀 회식 하자고 말을 꺼내셨는데 후배가 슬쩍 한발 빼는 거예요. 그래서 '너 설마 빠지려는 거냐?'라고 생각 없이 말하고는 한참 후회했어요. 후배한테 젊은 꼰대로 찍힌 거 같아서요, 하하!"

다들 가슴속 응어리를 해소라도 하듯 신이 나서 '젊은 꼰대' 체험담을 소환했다.

"저는 신입 사원한테 쉽게 일하는 노하우를 가르쳐줬는데, 후배가 결국엔 제 조언은 다 무시하고, 자기 방식대로 하니까 아주 괘씸하고 짜증 나더라고요."

아까부터 듣기만 하던 영업팀 윤 대리가 얄미워 보였는지, 이 대리가 그녀에게 배턴을 넘겼다.

"윤 대리님은 재밌는 얘기 없어요?"

"아, 저요? 저는 다행히 후배들이랑 편하고 가깝게 지내서 아직 문제는 없어요. 그리고 제가 후배들에게 개인적인 관심도 개별적으로 많이 보여주려고 하거든요. 무엇보다 다들 잘 적응할 수 있도록 애기도 많이 나누고 있고요."

윤 대리는 '난 클래스가 다르다'는 듯한 표정으로 말했다.

"오 마이 갓! 혹시 윤 대리님, 후배들한테 조언하고 스스로 뿌듯해하지 않아요?"

김 대리의 외침에 윤 대리는 당연하다는 듯 답했다.

"그럼요! 다 그 후배들을 위해 진심을 담아서 하는 말들인 걸요. 또 특별히 아끼니까 할 수 있는 조언이기도 하고요. 타인한테 도움을 준다는 건 당연히 기쁜 일이잖아요!"

"으하하! 조언해주고 스스로 만족해하는 사람이 요즘 친구들이 말하는 꼰대의 대표적인 증상이에요!"

"네? 그게 무슨……"

윤 대리는 당황한 듯 얼굴이 빨개졌고, 양 대리가 무안해하는 그녀를 위로하며 말했다.

"휴우, 정말 후배들을 위해 꼭 필요한 말들도 있잖아요. 그리고 그게 선배 역할이기도 하고요. 괜히 젊은 꼰대 될까 봐 지레 겁먹고 할 말을 못하면 저는 자괴감까지 들더라고요. '내가 선배 맞나' 하고요. 그래서 솔직히 지금 멘토 역할까지 주어진 것도 너무 부담스러워요."

"맞아요, 부담 돼요 정말. 진짜 젊은 꼰대라고 욕 안 먹고, 세련되게 조언하고, 충고하는 방법은 없을까요?"

셀프 체크

나는 젊은 꼰대일까?

후배들과 대화할 때 내가 주로 이야기한다. ☐

후배가 내 조언대로 하지 않으면 서운하다. ☐

후배에게 조언 후 스스로 뿌듯함을 느낀다. ☐

나는 내가 꼰대가 아니라고 생각한다. ☐

나도 모르게 과거 내 경험담을 많이 얘기한다. ☐

후배들이 나보다 늦게 출근하거나 일찍 퇴근하면 기분이 나쁘다. ☐

요즘 애들은 건방지다고 생각한다. ☐

처음 보는 사람들에게 나이나 학번을 묻고 확인한다. ☐

'인생 선배'로서 후배들에게 도움이 되려고 한다. ☐

후배가 묻기 전에 설명해준다. ☐

관계의 마음

✓ 1~3개: 좋은 선배

아직까지 후배들과의 관계에서 앞서가지 않고 잘하고 있습니다. 앞으로도 아랫사람들에게 지나친 조언을 하려고 하지는 않는지 늘 자신의 행동을 살피세요.

✓ 4~6개: 젊은 꼰대

아랫사람들 중 일부는 당신을 이미 '꼰대'라고 생각할지 모릅니다. 그 사실을 인정하고, 아랫사람에게 조언을 할 때는 반드시 지나친 개입은 아닌지 생각하고 말하세요.

✓ 7~10개: 핵꼰대

당신은 뼛속까지 꼰대입니다. 아랫사람들에게 자신도 모르는 사이, 습관적으로 조언과 개입을 할 확률이 높으니 아랫사람들과 가급적 거리를 두세요.

관계 코칭 원 포인트 레슨

다음은 후배들에게 조언을 요청받았을 때, 혹은 꼭 필요한 조언을 해줘야 할 때 활용할 수 있는 젊은 꼰대 되지 않는 대화 방법들이니 잘 기억해두었다가 실천해보세요.

1. 선 허락 후 조언! 허락받은 조언만 하자

꼰대가 되는 가장 빠른 지름길은 뭘까요? 바로, 상대가 조언을 요청하지도 않았는데 일방적인 충고를 쏟아내는 것입니다. 상대를 아끼고 위해서 하는 말인데 그게 왜 문제가 되냐고요? 혹은 상대가 내게 고민을 털어놓는 것은 암묵적으로 내 의견을 구하는 것인데 그런 오해를 받는 게 억울하다고요?

다음은 꼰대로 오해받지 않으면서 조언도 해줄 수 있는 마법의 문장들입니다. 단, 다음의 문장들을 상황에 따라 선택적으로 사용하지 말고, 반드시 첫 문장으로 활용해야 합니다.

- "내가 제안을 하나 해도 될까?"
- "내가 나의 생각/의견/느낌을 말해줘도 될까?"

상대에게 내가 지금부터 그의 고민에 대한 나의 생각을 말해도 되는지 허락을 구하는 것입니다. 상대가 흔쾌히 "그럼요!", "네!"라고 한다면, 그제야 당신이 진심을 담은 조언을 할 차례입니다. 이 한 문장으로 당신은 상대로부터 상대에게 애정 어린 조언을 할 수 있는 기회를 얻게 된 겁니다. 상대 또한 당신의 이야기를 들을 마음의 준비를 하게 되니 당황스럽지

관계의 마음

않겠지요. 이런 과정을 생략하고 다짜고짜 조언이라고 생각한 말들을 하게 되면 상대는 그것을 참견이나 간섭으로 여길 수 있습니다. 만일 상대가 "괜찮아요"라며 완곡한 거절을 하거나 "아닙니다"라고 단호한 거절을 했다면 어떻게 해야 할까요? 그럴 땐 아쉽겠지만 다음 기회를 기약해야 합니다. 지금은 당신이 말할 차례가 아닙니다. 마음으로만 상대가 잘되기를 바라주세요.

2. 나의 해결책을 강요하지 말자

'어른 말을 들으면 자다가도 떡이 생긴다'라는 말, 한 번쯤 들어봤지요? 그러나 사실 이 말은 '그러니까 (어른인 내) 말 잘 들어! (어른인) 내 말대로 해봐'라고 강요하는 말이에요. 물론, 조언이나 충고의 말을 하는 것이 절대 잘못은 아닙니다. 문제는 뒤이어 '내 말대로 해'라는 기대와 강요가 더해지는 것이지요. 그런 말을 하는 순간, 당신은 젊은 꼰대가 되어버리는 겁니다.

즉, 타인을 위한 말을 할 때는 나라는 에고ego를 버려야 해요. 상대가 내 제안대로 하지 않거나, 내 말을 안 들으면 화가 나고 서운한 것은 바로 나의 에고를 위주로 생각하기 때문입니다. 조언을 할 때는 에고를 담은 말을 사용하지 마세요. 다음은 조언을 할 때 사용해서는 안 되는 금기어들입니다.

- "내가 해봐서 아는데……"
- "내가 인생 선배로서 하는 말이야."
- "내가 다 너 잘되라고 하는 말이야."
- "내가 진짜 너한테만 해주는 말이니 잘 들어."
- "내 말만 들으면 자다가도 떡이 생긴다!"

3. 판단을 남발하지 말자

여러분은 언제 다른 사람에게 고민을 털어놓나요? 해결 방안을 찾고 싶을 때? 타인의 생각을 듣고 싶을 때? 그보다는 내 처지를 공감받고 싶고, 누군가가 내 얘기를 들어줬으면 할 때 다른 사람에게 고민을 털어놓지 않나요? 그럴 때 상대가 내 고민을 잘 들어주기만 해도 우리는 문제가 해결된 것처럼 홀가분함을 느끼기도 합니다. 경청만으로도 다른 사람의 고민을 해결해줄 수 있다니, 너무 쉽지 않나요?

그런데 젊은 꼰대들은 상대가 요청한 적도 없는데 "그건 네가 몰라서 그래" 하는 식으로 '판단'을 남발합니다. 또 아낌없는 '비난'을 선물하며, 멋진 '충고'로 마무리하지요. 우리가 애정을 담아 조언하면서 흔히 쓰는 착각의 말들을 이제는 버려야 합니다.

4. 지시하지 말고 질문하자

상대의 고민 해결을 돕고자 진심을 다해 조언했는데, 상대가 내가 얘기한 대로 하지 않으면 괜히 허탈하고, 아쉬운 적 있지 않던가요? 왜 그들은 내 얘기대로 문제를 해결하지 않았을까요? 그것은 바로 내가 제시한 해결 방법이 나만의 답이었을 뿐, 그들의 답이 아니었기 때문입니다. 그렇다면 상대가 자신의 답을 스스로 찾도록 도와주려면 어떻게 해야 할까요? 정답은 '질문'하는 것입니다.

질문을 받으면 우리는 여러 가지 가능성을 생각해서 답을 모색하게 됩니다. 이 과정에서 스스로가 찾은 답에 설득되어 자신에게 가장 적합한 방법을 찾아 문제를 해결합니다. 그런 경험, 다들 있지 않은가요? 따라서 상대에게 꼭 필요한 조언을 해주고 싶다면, 주절주절 내 생각을 말하려 하지 말고 다음과 같이 질문을 던지세요.

- "나는 네가 A보다 B를 했으면 좋겠어."

  ⇒ "A와 B 중 네가 하고 싶은 건 뭐야?"

- "당장 정리해!"

  ⇒ "언제까지 정리할 수 있겠어?"

- "쓸데없는 고민하지 마."

  ⇒ "무엇이 결정을 방해하는 거야?"

관계의 마음

마음먹은 대로 안 되는

인간관계 어쩌죠?

퇴근길에 소희에게 한 장의 사진이 도착했다. 나는 놀란 마음에 바로 전화를 했다.

"야! 이게 뭐야? 너 어디 아파?"

소희는 침울한 목소리로 전화를 받았다.

"오늘 미용실에 염색하러 가서 발견한 거야. 너무 충격적이지? 뒤쪽이라 여태 몰랐어."

사진 속 그녀의 뒷모습은 500원 동전 크기만큼 머리 한가운데가 뻥 뚫려 있었다.

"탈모야? 스트레스 엄청 받으면 많이들 생기던데……"

"응, 원형 탈모래. 하아, 내가 진짜……"

소희는 울먹이며 한동안 말을 잇지 못했다.

횅해진 머리만큼 소희의 마음도 뻥 뚫린 것이 분명했다.

"도대체 얼마나 스트레스를 받았으면, 새댁이 이렇게 머리가 다 빠져. 무슨 일 있었던 거야?"

"나 결혼생활 너무 자만했었나 봐. 다른 사람은 몰라도 난 진짜 잘할 줄 알았는데……"

소희는 대기업 비서 8년 차다. 꼼꼼한 일 처리와 친절한 태도, 상냥한 미소까지 겸비한 재원으로 늘 1등 며느릿감이라고 주변의 인정을 받아왔다. 6개월 전 그녀가 결혼할 때 자칭 '결혼 선배'들조차 잔소리를 생략할 만큼 소희의 '시월드' 생활을 누구도 걱정하지 않았다. 그런데 내게도 예상치 못한 이 전개가 당황스러워서 그녀의 자초지종을 먼저 들어야만 했다.

"남편하고 싸운 거야? 자세히 말 좀 해봐."

"나 비서 일하면서 어려운 어른들 상대 많이 해왔잖아. 문제없이 지내왔고. 그래서 사람들이 '시월드, 시월드' 해도 시어머니와의 관계는 하나도 걱정 안 했어."

"응, 알지. 소희 너는 결혼 준비하면서도 시어머님께 먼저 다가가려고 노력 많이 했잖아."

"내가 호의를 갖고 한 행동들에 대한 반응이 내 예상과 전혀 다르고…… 이제는 뭘 어떻게 해야 할지 모르겠어."

관계의 마음

"어휴, 말로만 들어도 내가 벌써 다 서운하다."

"나는 며느리 역할도 보란 듯 잘하고 싶었어. 그런데 이 관계는 노력할수록 엉망진창이야."

"아직 시간이 더 필요한 건 아닐까? 어머님도 너를 받아들이고, 알아가면서 이해하는 시간 말이야"

"야! 너 내 남편이랑 통화했냐? 남편은 내가 계속 스트레스 받으니 자기 엄마는 사람들과 친해지는 데 시간이 오래 걸린다는데, 그 말로는 위로가 안 돼. 내가 그 과정을 다 참아야 하는 거야? 나는 지금도 상처받아서 아무것도 하고 싶지 않다고!"

"소희야, 그래. 네 말처럼 다 내려놓는 게 어때?"

"뭘 내려놓아?"

"네가 좋은 며느리가 되려고 하는 것. A+ 며느리 되려고 애쓰지 말고, 그냥 B급 며느리 해도 되잖아. 아무것도 하고 싶지 않으면, 하지 마!"

소희는 '내려놓으라'는 내 말에 한동안 침묵하더니 입을 열었다.

"그럼 난 실패한 거잖아. 그 사실을 인정하는 게 사실 싫어. 남들은 적당히 지내면 된다고 하는데, 적당히 지낼 거면 안 하고 말지."

"그런데 소희야! 너 아무것도 하고 싶지 않다면서 왜 머리까지 빠지면서 속 썩고 있어? 너 지금도 이렇게 고민하는 건 여전히 좋은 며느리가 되어야 한다고 생각하고, 시어머니랑 잘 지내고 싶어 하는 거 아니야? 소희야, 넌 그게 병이야! 뭐든 잘하고, 완벽하게 하려는 것!"

"알아…… 그래서 상처받으면서도 네 말대로 여전히 인정받으려 애쓰나 봐. 내가 그리던 사랑받는 며느리 되려고. 실패하기는 싫으니까!"

"시어머니랑 조금 잘 못 지낸다고 해서 누구도 너한테 실패했다고 하지 않아. 아니, 오히려 잘 지내는 게 요즘은 이상한 시대 아니야?"

"지금까지 나는 인간관계 때문에 속 썩은 적이 없는데, 심지어 자신 있었지. 근데 잘하려 애쓰는 관계가 마음대로 안 되니까 너무 화가 나!"

"그래. 그 마음은 알 것 같아. 너 일할 때도 주변에서 완벽주의라고 하지?"

"응. 다들 그렇게 생각하는 것 같아. 근데 일이라는 것을 대충 할 수가 있나?"

"하하, 다들 적당히 일하면서 사는 거야. 물론 너는 이해 못 하겠지만. 넌 관계조차도 완벽함을 추구하니 더 힘든 것 같아.

일도 빈틈없이 해내는 게 힘든데, 하물며 사람 관계에서 완벽해야 하니 네가 얼마나 힘들겠냐! 사람은 더구나 네 마음대로 조정할 수도 없잖아. 너 솔직히 가족 말고도 다른 관계들에서도 잘해야 한다는 압박 크지 않아?"

"말 되네. 네 말처럼 나는 인간관계도 일하는 것처럼 완벽하게 유지돼야 맘이 놓여. 나는 착한 딸, 좋은 언니, 멋진 아내가 될 거라고 늘 생각해왔어. 그래서 내가 더 양보하고, 그렇게 되려고 늘 아등바등하지……"

"그래, 그러니까 이제 좀 '적당히' 잘하는 법도 배워야 해!"

"어렵다. 그 '적당히'가 정말."

셀프 체크

나는 인간관계에서 얼마나 잘하고 싶은 것일까?

나는 이상적으로 생각하는 인간관계와 나의 모습이 있다. □

내가 생각하는 관계 내의 이상적인 역할 실현을 위해 애쓴다. □

내 생각대로 관계가 유지되지 않을 때는 몹시 스트레스를 받는다. □

잘 지내지 못할 것 같은 사람과는 아예 무관심하게 지낸다. □

친한 사람들을 매우 세심히 챙기고 그 관계에 최선을 다한다. □

내가 생각했던 이상적 관계와 현실 사이의 차이가 클 때는 실패했다고 생각한다. □

인간관계를 관리하는 나만의 규칙과 원칙이 분명히 있다. □

나는 다른 사람한테 늘 '좋은 사람'으로 인정받고 싶다. □

나는 상대에게도 높은 기대를 갖고 있다. (더 잘할 것을 요구한다.) □

나는 인간관계뿐만 아니라 업무 등 매사에 완벽함을 추구한다. □

관계의 마음

✔ 1~3개: 관계 포기자

주변 사람들로부터 무심하다고 평가받을 수 있으니, 최소한의 상호 기대를 확인해야 합니다.

✔ 4~6개: 관계 능력자

당신은 사람과 상황에 따라 유연하고 적절하게 관계에서의 제 역할을 찾을 줄 알고 있습니다. 앞으로도 그 감각을 잊지 말고 유지하세요.

✔ 7~10개: 관계 완벽주의자

인간관계에서 완벽해야 한다는 강박이 있습니다. 혼자서 너무 애쓰지 말고 현실적으로 자신이 감당할 수 있는 만큼의 역할에 초점을 맞춰야 합니다.

관계 코칭 원 포인트 레슨

잘 해주고도 상처받고, 잘 보이려고 애쓰다 보면 인간관계에 지치기 마련입니다. 다음은 완벽해야 한다는 욕심을 내려놓고 인간관계에서 적당히 잘 하고 적당히 잘 지내는 방법입니다.

1. '모두'와 잘 지내야 한다는 강박을 버리자

인간관계에서 '잘 한다'라는 것은 무엇을 의미할까요? 많은

이들은 이를 '내가 아는 사람들과 두루두루 잘 지내기'라고 착각합니다. 그래서 동료, 가족, 친구 심지어 SNS 이웃들까지 챙기며, '모두와 잘 지내'려고 부단히 애쓰지요. 운 좋게도 주변에 마음 통하는 사람들만 있으면 다행이지만, 기대나 의지만큼 따라주지 못하는 사람들이 한두 명이라도 있다면? 아마도 내 마음속 깊은 곳에서는 스멀스멀 갈등의 불씨가 타오르고, 은밀히 스트레스가 쌓여갈 겁니다. 정작 상대는 아무것도 모르고 태평한데 말이에요.

결국 '모든 사람과 잘 지내야 한다'라는 스스로의 강박으로 자꾸 내 욕심만을 채우는 데 급급해집니다. 조급한 만큼 상대에 대한 실망만 늘게 되고요. 이 뿌리 깊은 강박적 사고를 버리기 위해서는 인간관계에서 '잘 한다'라는 나의 정의를 이렇게 바꿔보세요.

- "나는 모든 사람과 잘 지내야 해."
  ⇒ "나를 좋아해주는 사람과 잘 지내면 돼."

2. 나 홀로 김칫국 마시지 말자

우리는 누구나 상대에게 거는 '기대'가 있습니다. 그 기대에 따라 상대의 행동을 예상하지요. 이때 상대가 내가 기대한 것만큼 긍정적 반응을 보이면 계속 호감을 이어가지만, 반대로 기대를 충족시켜주지 못 하면 상대는 이내 비호감으로 전락하고 맙니다. 심리학에서는 이런 현상을 '기대치 위반 효과 expectation violation effect'라고 합니다.

더 쉽게 말해볼까요? 열 번 잘 해주고 한 번 못 해줬는데 그걸 두고 '서운하다'고 하는 상대의 말에 기운이 빠진 적이 다들 있을 거예요. 반대로 열 번 못 해주다가 한 번 잘 해줬을 때는 상대가 평소보다 더 감동받기도 하고요. 이것이 기대치 위반 효과입니다. 그렇다면 이제 어찌 해야 할지 눈치채셨나요? 바로 상대에 대한 기대의 '눈높이'를 낮추는 겁니다. 그 눈높이를 조금만 낮춰도 상대에게 실망하고 좌절하는 일이 반으로 줄어들 테니까요. 이를테면 다음과 같은 식이지요.

- '이 선물 받으면 눈물 흘리겠지?'
  ⇒ '이 선물 받고 '고맙다'라고 하기만 해도 좋겠다!'
- '늦었으니 데려다주겠지?'
  ⇒ '잘 도착해서 연락해야겠다.'
- '결혼하면 매일 아침은 차려주겠지?'
  ⇒ '주말에 아침 같이 해먹어야지.'

3. 본전 생각이 나면, 상대가 해달라는 것만 해주자

"내가 너한테 어떻게 했는데! 네가 나한테 이럴 수 있어!"라는 절규에 상대는 말합니다. "내가 언제 그렇게 해달랬어?" 이런 말을 들으면 그야말로 말문이 막히고, 환장할 노릇이지요. 하지만 듣고 보면 사실 너무도 맞는 말이기도 합니다. 잘 생각해보세요. 정말 상대가 "나 이렇게 해줘"라고 요청한 적은 없을 거예요. 그렇다고 해도 분명 생색내려고 한 행동은 아니지만, 상대가 자꾸 내 기대에 못 미치면 치사하게 본전이 생각나게 되는 것이 인지상정입니다.

내가 이상적으로 생각하는 나의 역할과 자기 스스로의 만족감, 상대가 알아줄 것이라는 기대에 충실하기 위해 인간관계에 많은 에너지를 쏟는 사람들이 있습니다. 하지만 이는 상대가 아닌 나를 위한 노력이었을 수도 있음을 우리는 인정해야 해요. 상대에게 좋은 사람이 되고 싶어서 자꾸 오버 페이스하게 될 때는 스스로에게 다음의 질문들을 던지고 진정하세요!

- 내가 그를 위해 하고 싶은 행동은 그가 나한테 요청했던 것인가?
- 그는 나에게 무엇을 기대하는가?

관계의 마음

- 나는 그에게 무엇을 기대하는가?
- 우리의 가장 이상적인 모습은 무엇인가?
- 그의 반응이 내 예상과 다를 때, 나는 서운하지 않을 수 있나?

4. 일단 '중립 기어'에 놓자

관계 완벽주의자들은 사람을 '좋은 사람 VS. 싫은 사람' 딱 두 가지로만 구분하고 관계를 유지하는 경향이 큽니다. 특히 내가 더 잘 하려고 애썼음에도 상대에게 실망을 하게 되면 그 관계를 '실패한 관계', '끝난 관계'로 정의를 내려버리지요. 그 후로는 상대의 행동을 계속 부정적인 관점에서 지켜보고, '그 사람은 항상 그래', '나랑 절대 안 맞아', '우리는 끝났어'라고 평가합니다. 심지어 상대의 선의 있는 행동이나 태도도 살피려 하지 않지요. 인간관계를 이어갈 때는 섣불리 '좋다'와 '나쁘다'로 상대를 판단하지 말고, 기어를 중립에 놓도록 해요. 다음은 그럴 수 있도록 도움을 주는 질문들입니다.

- 그 사람은 항상 나에게 그런 태도를 보이는가?
- 그 사람에 대한 나의 생각을 뒷받침하는 증거가 있는가?

- 이 상황에서 다른 사람들도 나와 같이 생각할 수 있을까?
- 그 사람에 대한 나의 판단 기준이 다른 사람에게도 공정하게 적용될 수 있는가?

권태기일까요,
마음이 뜬 걸까요?

"카톡 사진도 다 내리고, 남자 친구랑 무슨 일 있는 거야?
너 설마……"

"아니, 아니! 헤어진 건 아니야. 그냥 좀 괜히 다 짜증 나고,
답답해서 그랬어. 사실 내가 더 많이 좋아했었거든? 너도 알잖
아! 내가 얼마나 처음에 이글이글했는지. 그런데 지금은 그런
마음이 안 생겨! 딱히 무슨 사건으로 싸운 것도 아니거든? 그
런데 이제 재미가 없네. 전에는 평일에도 한 번이라도 더 만나
려고 내가 막 그 사람 회사까지 쫓아가고 그랬는데, 지금은 그
사람이 온다고 해도 반갑지도 않아. 그냥 혼자 있고 싶어. 다
귀찮아."

"남자 친구는 네가 이런 고민하는 거 알아?"

"알걸? 최대한 숨기려고 하는데 사실 티가 나잖아. 알지 않을까? 이 상태가 벌써 2주 정도 된 것 같아. 남자 친구는 우선 모른 척하면서 더 애쓰고 있는 상태야."

"어휴, 너도 당황스럽겠지만, 남자 친구도 숨 막히겠다. 계속 너 눈치 보고 자기가 뭘 잘못한 건지 고민하다가, 왜 그러냐고 묻기엔 또 조심스러워서 말도 못 하고 있을 거 아니야."

"어어, 맞아! 그래서 나도 너무 미안해. 그런데 내가 더 미치겠는 건 그런 나를 배려하는 행동, 말, 눈빛도 다 짜증 난다는 거야."

"야! 너 지금 남자 친구가 숨 쉬는 것도 싫지 않아?"

"그 말까지는 좀 그런데…… 어떨 때는 그렇다, 하하."

나의 짓궂은 맞장구에 지민이는 한참 자신의 마음을 쏟아 내다가 멋쩍게 웃으며 말했다.

"웃프다, 진짜. 야! 이제 듣지만 말고, 내가 어떻게 하면 될지 말 좀 해봐!"

"헤어져! 헤어지면 안 돼?"

무심한 내 반응에 지민이는 한참 동안 말이 없었고, 나는 다시 물었다.

"지민아, 그럼 너는 지금 남자 친구하고 다시 잘 지내고 싶어서 뭔가 해보고 싶은 거야?"

"응. 그런데 그게 뭔지도 모르겠고, 또 막 잘 해보고 싶은 에너지도 쉽게 안 생기니까 어떻게 되겠지 하고 또 미루게 되고 그래."

"그게 소위 말하는 권태기야!"

"에이, 같이 사는 부부나 그런 거 아니야?"

"아냐. 부부뿐만 아니라 애인, 아니지, 뭐 친구 심지어 회사 동료들, 다 마찬가지야. 심지어 물건도 그렇고. 너 아무리 비싸고 좋은 명품백 사도 365일 들고 다니면 질리잖아. 똑같아. 뭐든 익숙해지면 처음처럼 설레지 않고 무뎌져. 지겨워지고. 너랑 나도 이렇게 가끔 보니까 반가운 거야. 매일 본다고 생각해 봐! 네가 날 찾겠냐?"

"흐음, 너 연애 코칭 많이 했으니까 알 거 아니야. 나 권태기 맞아? 확실해?"

지민이가 약간 상기된 목소리로 물었다

"너 권태기란 말에 반가워하는 것 같다?"

"사실 내 지금 상태가 권태기인지, 아니면 그냥 마음이 식어버린 건지 너무 헷갈렸거든. 그래서 더 마음이 복잡했어. 권태기가 맞다면 이 고비를 잘 넘기면, 다시 잘 만날 수 있을까? 아니면 사실 다 끝난 관곈데, 내가 바보같이 못 놓고 시간만 끄는 건 아닌지도 모르겠고."

"맞아. 무엇보다 혼란스럽고, 나도 내 마음을 모르겠고, 또 답답하고 그렇지. 그런데 남들도 다 너처럼 괴로워하고 헷갈려 해. 권태기랑 사랑이 끝난 것의 차이, 그 경계가 너무 모호하니까. 그래서 어떤 사람은 섣불리 마음이 다하지 않았는데도 헤어져서 후회하고, 또 어떤 사람은 끝난 관계를 붙잡고 있다가 지쳐서 결국 서로한테 상처만 남기기도 해."

"나도 그래서 더 확실히 알고 싶었어. 후회하지 않으려면 앞으로 무엇을 해야 할지 잘 모르겠으니까. 그런데 넌 어떻게 내가 권태기인지 확신했던 거야?"

"다 방법이 있지! 자, 한번 봐봐!"

관계의 마음

셀프 체크

단지 권태기일까? 내 마음이 식은 걸까? 다음 질문들은 권태기인지, 사랑이 식은 것인지 구별하기 위한 질문들입니다. '예/아니요'로 답하세요.

1. 스킨십이 꺼려진다.

2. 문자의 답이 짧아지고, 문자가 와도 늦게 확인한다.

3. 데이트를 하기보다는 혼자 있고 싶다.

4. 데이트를 하면 대화가 없어지고, 시선을 피한다.

5. 상대의 장점으로 생각했던 것들이 단점으로 보인다.

6. 친구들과의 약속이나 개인 일정이 더 많아졌다.

7. 관계에 무기력감을 느껴서 관계 개선을 위해 딱히 무엇을 하고 싶지 않다.

8. 상대가 나의 눈치를 보는 것이 안타깝고 미안하다.

9. 당장 무엇을 결정하지 않고 시간을 보낸다.

10. 연애 초기의 행복했던 때가 그립다.

11. 앞으로 어떻게 해야 할지 고민이 된다.

12. 내 일상을 공유하지 않고, 상대의 일상도 전혀 궁금하지 않다.

13. 상대에게 화가 나거나 서운하지 않고, 아무런 기대가 없다.

14. 마음이 변한 것에 대해서 상대에게 미안함이 느껴지지 않는다.

15. 언제 이별을 말할지 고민한다.

1~7까지는 권태기일 때도, 사랑이 식었을 때도 모두 나타나는 증상들입니다. 이 유사 증상들로 많은 사람들이 자신의 상태를 혼란스러워하지요. 만일 당신이 권태기라면 8~11의 증상들이 나타나는 반면, 상대에 대한 마음이 식었다면 12~15의 증상들이 확연히 드러날 것입니다.

권태기라면 관계의 변화에 당황스러움과 무기력함을 느끼면서도 상대와의 인연을 무조건 정리하기 전에 그렇게 하려는 생각을 보류하며 마음을 추스르고 지켜보려 합니다. 즉, 이 시기는 시간이 지남에 따라 변화하는 감정에 실망감과 당혹감을 느끼는 것이지요.

반면, 상대에 대한 마음이 완전히 식었다면, 무료함과 지루함, 혼란스러움을 넘어 이 관계에 대한 기대도, 더 이끌어나가고 싶은 의지도 전혀 없어집니다.

관계 코칭 원 포인트 레슨

갑작스레 찾아온 불청객 권태기. 하지만 이 고비만 잘 넘기면 이전보다 더 견고한 관계를 만들 수 있습니다. 다음은 슬기로운 권태기 극복 방법입니다.

1. '권태기'를 새로운 관점에서 바라보자

권태감과 함께 찾아오는 지루함, 무기력함, 답답함과 같은 부정적 감정에 휩싸이면 권태기를 누구나 겪는 자연스러운 과정으로 인정하는 것이 쉽지 않아요. '내가 왜 그러지? 내가 변한 것인가?' 자꾸 과거의 나와 비교하고, 지금의 나를 안타까워하며 '함께'가 아닌 홀로 답을 찾기 위해 몰두하게 되지요.

권태기는 애초에 관계가 형성되지 않았으면 시작되지도 않을 문제로 그 답은 커플이 함께 찾아야 합니다. 따라서 나 또는 상대의 권태기 시그널을 우리 관계의 성장통으로 함께 인식해야 해요. 우리 관계를 점검해서 더 편안하고, 성숙해지는 관계로 업그레이드하는 시기가 권태기인 것이지요. 권태기를 전후로 나의 감정 상태를 극단적으로 비교하는 것을 막기 위해 내 마음속의 문장을 다음과 같이 바꿀 수 있습니다.

Before	권태기	After
나의 사랑은 뜨거웠다.		이제 나의 사랑은 따뜻하다.
나의 연애는 설렜다.	⇒	이제 나의 연애는 안정적이다.
처음이 주는 긴장감이 좋았다.		익숙함이 주는 편안함이 좋다.

2. '밥-영화-카페'의 데이트 루틴을 깨부수자

난 밥 영화 카페 말고 다른 걸 원해

솔직히 말해 지금도 좋긴 하지만

근데 밥 영화 카페 말고 색다른 걸 원해

너랑 새로운 걸 해보고 싶어

— 레이나, 〈밥 영화 카페〉 중

앞서 인용한 문장은 가수 레이나의 노래 〈밥 영화 카페〉 가사 중 일부입니다. 오죽하면 밥, 영화, 카페로 이어지는 데이트가 지루하다는 노래까지 불리게 되었을까요? 같은 사람과 비슷한 패턴의 데이트를 반복할수록 익숙함이 편안함과 식상함으로 빠르게 변할 수밖에 없습니다. 그렇다고 매번 이색 데이트를 준비할 수도 없는 노릇이지요. 그렇다면 무엇을 할 수 있을까요?

우선 평소 연인과의 데이트 루틴을 점검해봅니다. 주로 만나는 장소, 시간, 주기, 방법들에 조금씩만 변화를 줘도 지금보다 데이트의 생동감과 긴장감을 줄 수 있어요.

① 만나는 시간과 장소를 바꾸기

직장생활을 하게 되면 보통 주말을 연인과 함께 보내는 경우가 많습니다. 주말에만 만나는 커플이라면 평일 퇴근 후 짧은 저녁 만남 등을 시도해보면서 새로운 감정을 느껴볼 수 있지요. 또한 대부분의 커플들이 이동 시간을 줄이기 위해 서로의 집 주변에서 만나거나, '집콕' 데이트를 많이 하는데요. 둘만의 공간이 주는 은밀한 긴장감은 잠시! 결국 지루함으로 변질되기 쉽습니다. 페스티벌 및 전시 일정, 맛집 및 지역 명소 위치 등을 함께 고려하면서 다채로운 데이트 코스를 계획해보세요. 이런 정보를 지속적으로 업데이트해주는 데이트 애플리케이션도 적극 추천합니다. 새로운 곳을 찾아가는 데이트가 싫다면, 연인이 다녔던 어린 시절 학교 함께 방문하기, 첫 데이트 장소처럼 둘만의 의미 있는 곳을 다시 찾아가기 등을 해보는 것도 좋은 방법입니다.

② 연락하는 시간대를 바꾸기

대부분의 커플들은 아침에 일어나서, 자기 전에는 고정적으로 문자나 전화를 하고, 서로 업무 시간이나 수업 시간 등은 방해하지 않기 위해 연락을 아낍니다. 하지만 가끔은 예상치 못한 시간에 상대에게 메시지를 보내거나 짧게 전화를 걸어 통화를 나누면 예상하지 못했기 때문에 더 반갑고, 색다른 설렘을 줄 수 있습니다.

3. 다이내믹한 도전을 함께하자

단순히 즐거운 활동이 아닌 흥분되고 도전적인 활동을 연인과 함께 하기를 추천합니다. 사회심리학자 아서 아론Arthur Aron은 권태기 극복과 관계 만족도에 영향을 주는 활동을 알아보는 연구를 진행했는데요. 그는 5년 이상의 결혼생활을 유지한 부부 53쌍을 모집 후, 두 그룹으로 분리했습니다. A그룹에게는 영화 보기, 외식하기, 친구 만나기와 같은 일상적 활동을, B그룹에게는 스키, 하이킹, 춤추기와 같은 더 도전적인 활동을 하기를 요청했지요. 두 그룹의 부부들은 모두 10주간 주

1회 요청받은 활동을 했고, 아서 아론 교수 연구팀은 10주 후 각 그룹의 관계 만족도에 어떤 변화가 있었는지 확인했습니다. 그 결과, B그룹의 관계 만족도가 A그룹보다 2배나 더 높았다고 합니다. 즉, 일상의 평범한 활동보다 낯설지만 새롭고 도전적인 활동이 장수 커플의 관계를 더 좋게 만든 것이지요. 그는 그 이유를 '자기 확장 이론self-expansion'으로 설명했습니다.

'자기 확장 이론'이란 새로운 것을 함으로써 자아를 계속 확장하고픈 인간의 본능을 말합니다. 연애 초기에는 새로운 사람을 만나 서로를 알아가며 그 욕구를 충족하지만, 상대에게 익숙해지고 서로가 닮아갈수록 자기 확장의 경험이 적어져 지루함과 권태감을 느끼게 된다는 것입니다. 따라서 오래된 연인이 권태감을 극복하기 위해서는 함께 새로운 것을 배우고, 도전하며 서로에게 자아 확장의 경험을 하게 해주는 것이 중요합니다. 요즘은 원 데이 취미 클래스도 많아져서 운동뿐만 아니라 요리, 공예, 춤, 그림 등 다양한 주제를 함께 체험하고 배우기가 너무 쉬워졌습니다. 우선은 흥미가 가는 분야를 선택해 원 데이 클래스에 함께 참여해보고, 커플이 함께 즐겁고 지속적으로 할 수 있는 활동을 선택하여 커플 취미로 만들어보면 어떨까요?

사랑하면 당연히
기대할 수 있는 것
아니에요?

퇴근 후 친구 현진이와 늘 즐겨가는 국밥집, 이른 저녁 시간
이라 그런지 30대 초반으로 보이는 커플만 식사를 하고 있었
다. 정확히 남자만 열심히 먹고 있었다. 우리는 그 건너편에 자
리를 잡았다. 화장실에 다녀온 나에게 주문을 마친 현진이는
엄청난 것이라도 알아낸 듯 내게 속삭였다.

"야! 저기 커플 심각해."

우리는 아무 말 없이 식사를 하면서 귀로는 그들의 대화를
쫓고 있었다.

"오늘 무슨 날인줄 알아?"

"우리 데이트하는 날!"

관계의 마음

남자의 무심한 대답에 여자는 어처구니가 없는 표정을 지으며 가만히 숟가락을 내려놓았다. 남자는 뭔가 심상치 않은 분위기를 느꼈는지 여자의 눈치를 보며 서둘러 핸드폰을 만지작거렸다.

　"진짜 몰랐던 거야?"

　"어, 우리 오늘 300일이네! 벌써 300일이나 지났어?"

　"자기는 나 왜 만나?"

　여자는 정색하며 남자에게 물었다.

　"뜬금없이 무슨 소리야? 좋으니까 만나지."

　"그렇게 좋아하면 우리 기념일은 당연히 알아야 하는 거 아니야?"

　"나는 곧 1년 되니까, 1주년 챙기려고 했지. 우리가 10대도 아니고."

　"연애에 나이가 어딨어! 내 친구들은 그럼 중고딩이야? 걔들은 남자 친구가 100일, 200일마다 이벤트 해주고, 기념일 챙기려고 앱 깔아서 만난 지 며칠째인지 항상 체크한다던데……"

　남자는 말없이 물을 마시며 나름 침착한 말투로 천천히 말했다.

　"나는 두 달 있으면 1주년이니까 그때 제대로 챙기려고 했어. 여기 봐봐, 캘린더에 이렇게 체크도 해놓았다고!"

"됐어!"

가만히 듣고만 있던 남자는 도저히 못 참겠는지 큰 소리로 말했다.

"아, 진짜 나한테 기대 좀 그만하면 안 돼?"

"뭐? 서로 기대가 없으면 굳이 왜 만나? 더 특별한 관계니까 기대하는 거지."

"네 말대로 서로 기대는 있어야겠지. 그런데 너는 그 기대치가 너무 높아."

여자도 지지 않고 말했다.

"사랑하면 당연히 상대의 기대에 맞추려 노력해야지."

"당연히 해야 한다고? 도대체 내가 얼마나 더 잘 해야 네 마음에 드는 거야? 정말 지친다."

남자는 결국 자리를 먼저 떠났다. 여자도 곧 가방을 챙겨 나갔다.

그들이 자리를 뜨자마자 나는 조심스레 말했다.

"기념일인데 순대국밥집에 왔으니 여자는 더 기분이 안 좋긴 했겠다. 좋은 날 싸워서 어째."

같이 숨죽였던 현진이는 멋쩍게 웃으며 이야기를 시작했다.

"와, 대박! 난 진짜 완전 저 커플 대화 들으면서 소름 끼쳤어."

"왜?"

"저 여자가 몇 년 전 내 모습 같아서! 와! 이렇게 보니까 그때 구 남친이 얼마나 힘들었는지 알겠다."

"얼씨구! 철들었네! 네가 눈도 높고, 기대도 높긴 했지. 지금은 어때? 결혼하니 달라?"

"말도 마라! 우리는 맞벌이니까 남편이 먼저 집에 오면 저녁도 하고, 청소기도 돌려놓을 줄 알았어. 다 꿈같은 소리야."

"그래서 결혼생활에 대한 기대가 많이 없어진 거야?"

"기대가 없다기보다는 기대를 확 낮췄지. 기대치가 높으니까 내가 너무 피곤하더라고. 예전엔 굳이 말하지 않아도 알아주겠지 했는데, 이제는 그냥 원하는 것을 해달라고 하는 게 속 편해!"

셀프 체크

나는 애인에게 얼마나 기대감을 갖고 있을까?

나는 상대에게 기대하는 것이 있지만, 그것을 솔직히 말하기에는 불편하다. ☐

상대가 내 기대만큼 해주지 않으면 서운하다. ☐

나는 내 남자 친구/여자 친구에 대한 분명한 기대가 있다. ☐

나는 이상적인 연애 및 관계 유지를 위해 스스로 노력한다. ☐

나는 이상적인 연애 및 관계 유지를 위해 상대에게도 노력할 것을 요청한다. ☐

나는 자주 현재 애인을 전 애인과 비교하며 실망감을 느낀다. ☐

나는 나의 연애를 다른 사람의 연애와 자주 비교한다. ☐

사랑하는 사람에게 기대하는 것은 당연하다고 생각한다. ☐

사랑하면 상대가 원하는 것을 모두 수용할 수 있다고 생각한다. ☐

나는 내가 바라는 것을 상대가 알아서 해주기를 바란다. ☐

관계의 마음

✓ 1~3개: 무관심

기대가 없으면 장기적으로 관계를 유지하기가 어렵습니다. 서로의 기대 사항이 무엇인지 이야기를 나눠보세요.

✓ 4~6개: 적정한 기대

상대에게 자신의 기대를 세련되게 요청하고 표현하는 방법을 익혀보세요.

✓ 7~10개: 과도한 기대

상대에 대한 높은 기대를 충족하지 못해 쉽게 실망합니다. 지나친 기대는 관계에 부담을 안기므로 높은 기대치를 반으로 줄이세요.

관계 코칭 원 포인트 레슨

나에게 특별하고 소중한 존재인 만큼 상대에 대한 기대는 커지기 마련입니다. 이 기대를 적정하게 잘 관리하는 것이 장기적이고 편안한 관계의 핵심입니다. 기대치의 균형을 맞추는 방법을 소개합니다.

1. 기대하고 싶다면 먼저 사이좋게 지내자

높은 기대가 정말 관계를 망칠 수 있을까요? 미국 플로리

다주립대학교 심리학과의 제임스 맥널티James McNulty 교수는 135쌍의 신혼부부를 대상으로 4년간 추적 연구를 진행했습니다. 결혼에 대한 기대가 실제 결혼생활에 미치는 영향을 알아본 것이지요. 부부들은 배우자에 대한 기대 정도, 결혼생활의 문제 여부, 결혼생활의 만족도 등을 묻는 설문에 참여했고, 6개월에 한 번씩 지속적으로 점검했는데요.

갈등이 없는 부부들은 결혼생활에 대한 기대가 클 때 결혼만족도도 증가했지만, 갈등이 심한 부부는 기대가 클 때 만족도가 떨어졌음이 발견됐습니다. 즉, 사이가 좋은 부부는 서로의 기대를 충족시키기 위해 함께 노력하면서 관계를 발전시켰지만, 평소 갈등이 많은 사이였을 경우에는 높은 기대에 계속부응하지 못하는 상대방에 실망을 반복하며 관계가 악화된것입니다.

2. 지적할 거리를 찾지 말고, 감사한 점을 발견하자

연인 관계에서 관계에 기대치가 높은 사람일수록 상대의 행동에 쉽게 만족하지 못합니다. 그래서 잔소리와 지적만을 반복합니다. 처음에는 상대도 그 기대를 충족시키기 위해 노력하고 애쓰지만, 어느덧 연인의 습관이 된 불평과 불만은 견딜 수

관계의 마음

가 없겠지요. 내 기대 유지를 위해 더 이상 상대의 부족한 부분에만 집중하지 말고 상대가 나에게 주는 좋은 부분들을 발견하고, 그에 대한 감사함을 전하세요.

이를테면 생일날 남자 친구와 근사한 곳에서 데이트하고 싶었는데 남자 친구는 별 생각 없이 집 근처에서 만나자고 했다고 칩시다. 당신이 남자 친구였다면 어떤 말을 듣고 싶을까요?

① "나 오늘 생일이라 특별하게 보내고 싶었는데, 여기서 만나는 건 너무 성의 없는 것 아니야!"

② "올해 생일도 자기랑 함께 보낼 수 있어서 정말 고마워! 내년에도 늘 함께하자!"

①의 말을 들은 남자 친구는 비록 좋은 선물을 준비했어도 주고 싶지 않을 만큼 정떨어지지 않을까요? 반면 ②의 말을 들었다면, 남은 시간 동안 더 잘 해주고 싶고, 즐겁게 보내고 싶은 마음이 절로 생길 것입니다. 잘 생각해보면, 그/그녀가 존재하지 않았다면 우리는 그들에게 기대 자체도 할 수 없었을 거예요. 그러니 존재만으로도 고마운 사람들 아닌가요? 상대에게 충분히 감사함을 표현하며 서로 관계의 기대치를 관

리해나간다면, 어느 한쪽이 상대가 일방적으로 노력하고 헌신한다는 느낌이 들지 않게 됩니다. 특히 상대가 나를 힘들게 하고 좌절하게 만들 때, 더 의식적으로 상대에게 감사한 것을 찾아보세요.

3. 급발진하지 말고, 상대의 의도를 의심하지 말자

내 기대처럼 관계가 유지되지 않을 때 최악의 상황으로 가는 길은 관계의 본질을 의심하는 것입니다. 예컨대 여자 친구에게 주말에 차박을 제안했다고 칩시다. 그런데 여자 친구는 요즘 야근이 많아 피곤하다며 이번 주말엔 각자 쉬고, 다음 달에 가자고 제안을 반려했습니다. 이 경우, 주말은 무조건 여자 친구와 함께하기를 기대하는 남자 친구는 여자 친구의 반응이 당연히 실망스러울 수 있습니다. 그런데 만일 여기서 더 나아가 이 남자 친구가 조금 쉬고 싶다는 여자 친구의 말에 혼자 급발진을 시작한다면 어떻게 될까요? 이를테면 상대는 쉬고 싶다며 단순하고 솔직하게 말했을 뿐인데 '내가 싫어졌나?', '혼자 약속 있나?' 하면서 계속 의문을 제기하다가 둘 사이의 관계가 위태롭다고 생각하는 것이지요. 이렇게 부정적인 생각을 한번 하기 시작하면 상호 신뢰가 무너지는 것은 시간문제

관계의 마음

입니다. 다음은 상대의 반응에 혼자서 의심의 불을 지피는 생각들입니다. 절대 하지 마세요!

- 지금 날 놀리는 건가?
- 내가 우습나?
- 헤어지자는 거야?
- 마음이 식은 거야?
- 나만 좋아하는 거야?

4. 부러우면 지는 것! '현자 타임'을 갖자

드라마나 영화 속 멋진 남녀 배우들의 낭만적 사랑은 보통 사람들의 연애에 대한 기대치를 한껏 올려놓습니다. 그래서 현실 연애의 벽을 마주하면, 우리는 '그건 영화니깐/그건 드라마잖아!'라고 위안을 하곤 하지요. 하지만 최근에는 내 친구, 친구의 친구, 또래 커플들의 연애 모습이 SNS 등으로 실시간 공유되면서 나의 연애와 비교를 하게 되고 좌절감과 괴리감을 한층 더 많이 느끼게 되었습니다. 특히 그 어느 때보다 행복하게 보내야 하는 특별한 날, 예컨대 크리스마스나 생일 등의 이벤트가 있는 날엔 자꾸 나도 모르게 더 비교를 하게 되지요.

그렇게 비교하는 마음이 들 때마다 스스로에게 이렇게 물어보는 것은 어떨까요?

예를 들어 '남들은 다들 분위기 좋은 레스토랑 가서 기념일 축하하는데 우리는 뭐지?'라는 마음이 들면, '에이, 남들 다 하는 것 하면서 평범하고 싶어? 좀 더 특별하게 보내는 방법은 없을까?'라고 스스로 물어보는 겁니다. 또, '친구 남친은 기념일에 손편지까지 준비했다는데, 부럽다. 난 뭐야' 하고 서운해질 때는 '이번엔 내가 먼저 편지 써줘볼까?'라고 나에게 물을 수 있겠지요. 이런 연습을 통해 현실을 자각하고 받아들일 수 있습니다. 상대와의 관계에 대한 비현실적인 기대가 높으면, 이러한 기대는 우리의 장기적인 행복을 심각하게 훼손하고 적개심과 경멸을 조장합니다. 기대치를 관리하고 싶다면 상대에게 내가 혹시 지금 너무 많은 것을 요구하고 있는 것은 아닌지에 대해 솔직하게 숙고해봐야 합니다.

5. 필요한 것을 상대에게 분명하게 말하자

상대가 내 마음을 '알아서' '눈치껏' 읽어주기를 기대하지 말고, 내가 원하는 것에 대해 상대에게 분명하게 이야기하세요. 관계에 대한 기대가 생길수록 나의 감정과 욕구를 솔직히 공

관계의 마음

유해야 합니다. 내 기대 사항을 솔직하게 말하는 것은 뻔뻔하거나 부끄러운 것이 아니에요. 오히려 상대가 내 마음을 온전히 읽기를 혼자 기대하고, 실망하는 것이야말로 상대 입장에서는 황당한 일이지요. 모호한 상황과 애매한 소통은 서로 간에 원망과 오해만 만듭니다. 연인 관계에서 마주하게 되는 상황들에서 모호한 표현을 하는 대신 다음과 같이 분명히 말하는 연습을 해볼까요?

연락	"네가 편할 때 전화해."	⇒	"매일 자기 전에 꼭 통화했으면 좋겠어!"
데이트	"만날 수 있을 때 보자."		"주 2회는 만났으면 해."
선물	"아무거나 괜찮아."	⇒	"요즘 ○○가 필요해."
애정 표현	"사랑해. 너는?"	⇒	"서로 사랑한다고 매일 말하자."
스킨십	"난 다 좋아!"	⇒	"머리를 쓰다듬어주면 더 기분 좋아."
기념일	"다음 주 주말에 뭐 할 거야?"	⇒	"다음 주 주말에 우리 1주년 파티하자."

또한 상대의 기대를 확인하고, 대화를 하기 위한 질문들을 알아둘 필요도 있습니다. 파트너에게 원하는 것을 질문하고 왜 원하는지 물으며 서로의 기대 사항을 나눠보세요.

- "내가 너에게 어떤 남자 친구/여자 친구였으면 좋겠어?"
- "내가 ○○를 해주면 기분이 더 좋아/나빠?"
- "우리 관계가 더 행복하기 위해서 내가 무엇을 더 해주면 될까?"
- "우리 관계의 신뢰를 위해 내가 반드시 지켜야 할 것은 무엇일까?"

관계의 (마음)

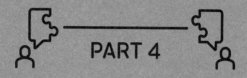

PART 4

관계의 언어

관계는 결국 '말'이다

무심코 내뱉은 말로 관계가 깨지거나, 표현하지 못하고 아껴둔 말들이 오해를 만듭니다. 때로는 서투른 표현으로 중요한 기회를 놓치고, 마음까지 담지 못한 소통은 인색한 사람으로 여겨지기도 하지요. 그래서 우리는 늘 고민합니다. '어떻게 말해야 할까?' 이번 장에서는 인간관계에 영향을 주는 결정적 순간의 말들에 관해 살펴보겠습니다.

굳이 말을 해야
아나요?

나는 친구 윤아를 기다리며 토요일 오후, 카페에 앉아 있었다. 바로 옆 테이블에는 대학생으로 보이는 한 여성이 핸드폰을 만지작거리고 있었다. 혼공족은 아니고 그녀도 누군가 기다리는 눈치다. 한 30분쯤 지났을까? 건장한 남성이 그녀 앞에 나타났다.

"자기, 음료 뭐 시켰어? 나 커피 주문하고 올게."

자리에 앉기도 전에, 남자는 그 여성을 쓰윽 지나쳐 카운터로 가서 음료를 주문했다. 호칭을 듣고 보니 그들은 커플이었다.

"하아……"

그녀가 홀로 깊은 탄식을 내뱉었다. 잠시 후 주문한 커피를

관계의 (언어)

들이켜며 남자가 여자 앞에 앉았다. 여자는 누가 봐도 심기가 불편해 보였다. "화났어?"라는 남자의 말에 여자는 아무 대답도 없이 고개를 살짝 돌려 바닥만 응시했다.

"내가 늦잠 자서 늦는다고 했잖아. 화난 거야? 화낼까 봐, 아까 톡도 보냈는데."

여자는 아무 말도 없었다.

어색한 침묵의 기운이 옆 테이블의 나에게까지 고스란히 전해졌다. 5분여의 어색한 침묵을 깨뜨린 것은 남자 쪽이었다.

"미안해."

"미안하다고? 뭐가 미안한데?"

여자가 어이없다는 듯 반격했다.

"약속에 40분이나 늦어서 미안해. 그런데 나 어제 너무 피곤해서 아침에 정말 못 일어나겠더라. 암튼 미안해."

"암튼 미안하다? 넌 항상 그런 식이야! 너는 진짜 내가 왜 화났는지, 왜 서운한지도 모르잖아. 나도 늦을 때 있고, 피곤하면 늦잠 잘 수도 있으니까 약속에 늦은 건 이해할 수 있어. 그런데 너 오자마자 한 말이 뭐야? 최소한 늦게 나타났으면 미안하다고 먼저 얘기하고, 커피 주문해야 정상 아니야?"

"아! 자기, 그래서 서운했던 거야? 나도 완전 미안하지! 그래서 지하철역에서 카페까지 얼마나 뛰어왔다고. 헐레벌떡 오다 보니 너무 갈증 나서 우선 커피부터 시킨 거였어. 출발 전에도 내가 미안하다고 톡 보냈잖아. 나도 최선을 다해서 최대한 빨리 왔으니까 굳이 또 미안하다고 해야 하나 했어. 오히려 그 말이 더 어색하게 할까 봐, 안 한 것도 있고."

"미안하다는 말이 우리 관계를 어색하게 한다고? 나는 오히려 그 반대 같은데? 상대방은 서운하고, 불편해하는데 사과 표현도 없이 그냥 지나치면 상대가 무조건 이해해주고, 받아들여야 한다는 느낌을 줘서 상황을 더 안 좋게 하는 거야. 그래서 나도 가끔 네 마음이 헷갈려."

"내 마음이 헷갈린다고?"

"이런 일이 자주 있잖아. 그냥 먼저 미안하다고 얘기해주면 내 맘도 누그러질 텐데, 아무렇지 않게 넘어가면 '이 사람은 나에 대한 미안한 맘을 아예 못 느끼나?', '내가 무조건 이해하길 바라는 건가?' 그러다가 결국 엎드려 절 받는 것처럼 미안하다는 말 듣고 나면, 더 힘 빠지고 기분 나빠. 내가 속 좁은 것처럼 느껴지기도 하고."

여자의 꽤 오랜 시간 묻어둔 이야기를 남자는 애꿎은 냅킨만 만지작거리며 듣고 있었다.

"그런데 미안하다는 말이 그렇게 중요한 거야? 나는 내가 너한테 뭐 잘못하면 미안하니까 다른 행동으로 더 잘 하려고 애쓰고 눈치도 살피는데. 그 말을 안 했다고 뭐라 하는 건 나도 좀 억울해. 솔직히 행동은 변하지도 않으면서 말로만 미안하다 외치는 게 더 문제 아니야?"

표현해주기를 바라는 여자와 말보다 행동이 더 중요하다는 남자의 대화는 팽팽히 맞섰다. 이 커플의 대화를 남몰래 듣고 있자니 지희 부부가 떠올랐다. 지희는 결혼 3년 차로 맞벌이 중인 나의 고등학교 친구다. 지희는 얼마 전 남편이 어쩜 그렇게 인색한지 모르겠다며 1시간 동안 전화로 울분을 토해냈다.

"야! 내 남편은 정말 너무 인색해서 삭막할 정도야."

"어머, 진짜? 맞벌이하는데 뭘 그렇게 인색하게 해?"

"아니, 돈 말고 표현 말야! 사람이 살면서 그때그때 필요한 인사는 해야 인간미도 느껴지고, 정도 가는데…… 어휴! 가끔 진짜 얄밉게 느껴진다니까. 아무것도 해주고 싶지 않아."

"하하, 너 아직도 사랑한다는 말 듣고 싶어서 그러는 거야?"

나의 짓궂은 농담에 지희는 소리를 지르며 말했다.

"야! 사랑해? 그런 낯 뜨거운 말까진 바라지도 않아. 식당에서 음식 갖다주시면 이모님들한테 '고맙습니다' 이 정도 흔한 말 하는 걸 바라는 것도 죄냐? 빈말이라도 고맙다는 말이 얼마나 힘이 나는데! 왜 그걸 모르냐고."

나는 얼마나 인사로 마음을 표현할까?

주변 사람들에게 평소 고맙다는 말을 해야 할 때 주저한다. ☐

'미안하다'라는 말은 내가 정말 잘못했다고 생각하는 경우에만 한다. ☐

주변인(가족, 친구, 애인 등)들은 내가 표현을 더 자주 해줄 것을 기대한다. ☐

굳이 '미안하다', '고맙다'라고 말하지 않아도 상대가 알 수 있다고 생각한다. ☐

표현하는 말보다 행동이 더 중요하다고 생각한다. ☐

'고맙다'라는 말은 사실 사람들이 형식적으로 하는 인사말이라고 생각한다. ☐

'미안하다'라는 말을 하고 나면 상대에게 지는 것 같아 자주 하지 않는다. ☐

미안하다는 말을 효과적으로 하는 방법을 몰라 말하기가 더 어렵다. ☐

가까운 사이(가족, 절친, 애인 등)에서 고맙다는 말을 하는 것이 겸연쩍어 미루게 된다. ☐

나 스스로 생각해도 '고맙다', '미안하다'와 같은 인사에 인색하다. ☐

관계의 언어

✓ 1~3개: 인사성 밝음

당신은 주변에 고마움, 미안함 등을 잘 표현하는 편입니다. 지금처럼 인사성을 유지하면서 진정성까지 더해지면 금상첨화일 것입니다.

✓ 4~6개: 인사성 흐림

당신은 상황에 따라 인사성이 좋았다 그렇지 못했다 하는 편입니다. 사람, 상황, 기분 등에 상관없이 주변에 일관되게 감사와 미안함 등을 표현해보세요.

✓ 7~10개: 인사성 어두움

당신은 고마움, 미안함 등을 표현하는 데 매우 미숙합니다. '감사합니다', '미안합니다' 등의 말이 익숙해질 때까지 연습하세요.

관계 코칭 원 포인트 레슨

감사나 사과를 해야 할 일이 생겼나요? 그렇다면 가장 중요한 것은 망설이지 말고 지금 바로 그 마음을 전하는 것입니다. 민망해서, '어차피 말 안 해도 다 알지 않나' 하는 생각으로, 감사나 사과를 미뤄보신 적 다들 있으실 겁니다. 그렇다면 감사와 사과의 유통기한은 언제까지일까요? 지금 당장 하지 않으면 영영 못 하게 되는 걸까요? 당연히 아닙니다. 제때 하지 못했다고 하더라도 안 하는 것보다는 늦게라도 감사와 사과의 마음을 전하는 것이 좋습니다. 특히 사과의 경우에는 서로의 감정이 조금 진정되기를 기다릴 필요도 있지요. 나의 잘못된 행동을 돌이켜보고 생각을 정리해야 제대로 된 사과를 할 수도 있고, 상대도 나의 잘못으로 인해 상처 입은 마음을 회복할 시간이 필요하기도 하니까요. 단, 절대 일주일은 넘기지 말아야 합니다.

반면, 감사 인사는 내가 상대의 도움이나 배려를 받은 그 순간에 반사적으로 바로 표현하는 것이 가장 좋습니다. 하지만 아주 가까운 사이에서는 그런 도움과 배려를 당연하게 여겨 감사 표현을 하는 것이 어색할 때도 있습니다. 가족, 친구, 동료 등 존재 자체만으로도 힘이 되는 이들에게 고마움을 전하고 싶다면, 기념일이나 명절, 크리스마스 등을 이용하는 것도 방법입니다. 상대의 생일이나 결혼기념일 등 중요한 날에 다른 사람들보다 더 마음을 담아서 감사의 표현을 하는 겁니다. 작은 선물과 함께라면 더 좋고요. 단체 문자를 보내는 듯한 기계적인 메시지보다는 고마웠던 일을 구체적으로 언급하면서 인사를 전한다면 상대방이 당신의 진심을 느낄 수 있을 거예요.

다음은 감사와 사과의 표현에 인색하지 않고, 센스 있게 표현할 수 있는 구체적인 방법들입니다.

관계의 언어

1. '감사의 말'은 이렇게 하자

① 디테일은 살려 말하기

감사 표현을 위해서는 무엇에 대해 상대에게 감사하는지 정확히 언급해야 합니다. 이때 구체적으로 무엇이 고마운지를 함께 전달하는 것이 중요하지요. 호의나 배려를 해준 사람은 상대가 자신의 사소한 행동에도 고마워하니 그 행동을 반복, 강화하게 됩니다. 나 역시도 지속적으로 상대의 배려를 받게 되고, 상대를 인정해줌으로써 그의 기를 살려주게 되니 서로 원-윈인 셈이지요. 예를 들어 생일 선물로 평소 갖고 싶었던 화장품을 선물받았다면 어떻게 감사 인사를 할 수 있을까요?

① "선물 고마워!"

② "내가 평소에 갖고 싶었던 화장품인데! 선물받고 정말 놀랐어! 매일 바르면서 네 생각할게! 진짜 고마워."

①은 너무 형식적인 느낌이 들지만, ②는 더 개인적이고 친밀함이 느껴지고 훨씬 선물을 마음에 들어 하는 것 같아 선물을 준 사람도 뿌듯함을 느낄 수 있습니다.

② 감사 인사는 반복하기

감사 인사는 '이렇게까지 하는 건 오버인가?' 싶을 만큼 반복적으로 해주는 것이 포인트입니다. 누군가 내게 식사 대접을 했다면, 식사를 시작할 때도 감사 인사를 건네고 헤어지면서도 한 번 더 표현해주는 센스를 발휘해보세요. 상대는 "아, 됐어! 그만해, 뭘"이라며 쑥스러워 손사래 치겠지만, '내가 크게 기여했구나', '나한테 정말 고맙게 생각하는구나' 하고 느끼며 더 뿌듯해할 거예요.

또한 상대에게 고마움을 표현하며 이후에 커피 쿠폰 등 부담 없는 선물을 함께 건네면 더 센스 있는 표현이 될 수 있겠지요?

③ 아끼지 말고 표현하기

고마움의 마음을 전하면 상대가 부끄러워하거나 오글거려 할까 봐 그 점을 배려해서 표현을 아껴둘 때가 있습니다. 많은 사람들이 감사 표현의 긍정적 영향을 과소평가하는 것에 대해 시카고대학교의 니콜라스 에플리Nicholas Epley 교수의 연구팀에서 재미있는 연구를 수행했습니다. 연구팀은 실험 참여자들에게 평소 감사함을 느끼는 대상을 떠올린 후 감사 편지를 작성하게 한 뒤, 편지 작성자에게 상대가 편지를 받으면 좋아할지,

관계의 (언어)

어색해할지 여부와 더불어 편지를 쓴 자신에 대해 어떤 생각을 할지를 함께 물었습니다. 그리고 실제로 편지를 보낸 후, 편지 수신자들이 느낀 감정과 편지를 보낸 사람에 대한 인식을 평가했습니다.

그 결과, 감사 편지의 수신자들이 낯설다거나 어색하다는 부정적 감정을 표현한 경우는 거의 없었고, 즐거움과 기쁨의 감정을 느꼈을 뿐만 아니라 편지를 쓴 사람들에 대해 매우 긍정적으로 인식했다는 연구 결과가 나왔습니다. 자, 이제 상대의 반응이 두려워 고맙다는 표현을 아꼈다면, 망설이지 말고 표현하세요.

2. '사과의 말'은 이렇게 하자

① 이런 사과는 금물!

사과한다고 내뱉는 말이지만, 상대에게 불쾌감과 황당함을 남길 여지가 있는 말들을 기억해두면 또 다른 오해와 갈등을 피할 수 있습니다.

- "미안해. 하지만 너도 그렇게 잘한 건 아니잖아."
  ⇒ 내 잘못을 말하며 슬쩍 상대의 잘못도 끼워 넣기

- "암튼, 내가 미안해. 됐지?"

    ⇒ '내가 마음 써서 사과 해준다'라는 태도와 서둘러 사건을 종결하는 뉘앙스의 단어 사용하기

- "미안! 그런데 내 의도는 그게 아니었어."

    ⇒ 장황하게 의도 설명하기

그럼 사과의 잘못된 예와 올바른 예를 비교해서 한번 살펴볼까요? 다음은 친구와 오래전에 했던 약속을 깜빡 잊고 있다가 친구의 전화를 받고 아주 늦게 약속 장소에 도착한 상황입니다.

- **[잘못된 사과의 예]**

"아, 미안 미안. 오래 기다렸지? 전화 더 빨리 해주지. 내가 요즘 너무 바빠서 완전 까먹고 있었어. 일부러 그런 건 아냐. 알지? 암튼 오늘은 내가 살게."

- **[올바른 사과의 예]**

"아, 진짜 미안. 나 때문에 너무 오래 기다렸지? 오래전에 한 약속인데 까먹어버렸어. 정말 미안해. 변명의 여지가 없다. 내가 오늘 맛있는 것 살게. 기분 풀어주라."

관계의 언어

어떤 차이가 있는지 느낌이 오시나요? 올바른 사과에는 상대를 탓하거나 자기의 의도를 정당화하거나 변명하는 내용이 없습니다. 자신의 잘못을 인정하고 현재 상대의 상한 기분을 풀기 위한 노력을 하겠다는 다짐이 먼저 느껴지지 않나요? 이런 사과를 받으면 상대는 바로 화가 풀리지 않더라도 최소한 더 기분이 상하진 않을 거예요.

② 실수 없는 사과 편지/사과문 쓰는 법

회사에서 큰 실수를 해 사과문을 써야 하거나 애인과 다툰 후 사과 편지를 써야 하는 경우 등 사과를 글로 표현해야 할 때가 있습니다. 오하이오주립대학교 로이 레위키Roy Lewicki 교수는 사과를 할 때 꼭 필요한 여섯 가지 요소들을 실험을 통해 발견했습니다. 다음은 사과의 여섯 가지 핵심 요소입니다.

(1) 후회/안타까움의 표현

(2) 잘못된 행동/상황을 공유

(3) 책임에 대한 인정

(4) 재발 방지 약속

(5) 보상 또는 보완책 제시

(6) 용서를 구함

너무 당연해 보인다고요? 하지만 생각보다 사과문 또는 사과 편지에 이 핵심 요소들을 모두 담기란 결코 쉽지 않습니다. 특히 사과문에서 우선적으로 반드시 포함되어야 하는 사항은, '책임에 대한 인정'과 '보상 또는 보완책 제시' 부분입니다. 이때 그 내용은 구체적이고 명확히 제시되어야 합니다. 그럼 다음의 사과 편지 예시를 살펴보며, 누군가에게 사과 편지를 쓸 때 나라면 어떻게 쓸지 생각해봅시다.

> 윤서야!
>
> 만나기 어려운 상황이라 이렇게 편지로 내 미안한 마음을 전해.
>
> 너한테 왜 그런 말을 했는지 아직도 나 자신이 이해되지 않아. 그 상황에서 내가 너무 감정적으로 군 것 같아서 며칠을 후회했는지 몰라.
>
> ⇒ **(1) 후회의 표시**
>
> 네 상황을 가장 잘 알고 있으면서 함부로 이야기한 것 정말 미안해.
>
> ⇒ **(2) 잘못된 행동을 설명**
>
> 그 말들로 인해 네가 상처받았을 걸 나도 이제 알아. 정말 잘못했어. 내가 야속하고 너무 미웠을 것 같아.
>
> → **(3) 책임에 대한 인정**
>
> 이제 어떤 상황에서도 너에 대해 그런 식으로 이야기하거나 비난하지 않을게. 너랑 가장 친한 친구라고 항상 말해왔으면서 너에게 상처줘

서 나도 스스로가 너무 밉다.

⇒ (4) 재발 방지 약속

내가 한 번만 더 그런 식으로 말하면 네가 날 다시 안 봐도 아무 말도 못할 것 같아. 정말 다시는 그렇게 말하지 않을 거야. 앞으로는 항상 한 번 더 생각하고 신중히 말할게.

⇒ (5) 보완책 제시

나를 만나는 것이 지금은 너무 싫겠지만 만나서 이야기할 수 있는 기회를 줬으면 좋겠다. 내가 너희 동네로 갈 테니 잠깐만 시간 좀 내줘. 만나서 제대로 용서를 구하고 싶어.

⇒ (6) 용서를 구함

정말 미안해. 연락 줘.

낯선 사람과 처음 만나면
무슨 얘기를
해야 하나요?

'익선동, 7시 불금 치맥 달리실 분?'

재무팀 현태가 회사 또래 모임 단톡방에 간만에 번개 공지를 올렸다. 사회적 거리두기로 다들 만남에 목말라하던 차라 멤버들의 반응이 뜨거웠다. 30대 초중반 남녀로 구성된 이 친목 모임의 화제는 늘 서로의 연애, 결혼 상담이다. 지난 정모에서 IT팀 막내 성훈이는 '자만추(자연스러운 만남 추구)'가 너무 힘들다며, 선배들에게 소개팅을 요청했었다. 나도 그에게 학교 후배의 친구를 소개해줬던 터라 그 결과가 너무 궁금했다.

"성훈아, 소개팅 후기 좀 풀어봐."

성훈이가 우물쭈물하는 사이 현태가 끼어들었다.

관계의 언어

"야! 잘됐으면 금요일 저녁에 여기 와 있겠냐?"

"괜찮아! 괜찮아! 괜찮아!"

다들 은근슬쩍 술잔을 들어 올리고 리듬을 맞추며 막내에게 짓궂은 위로의 건배를 청했다.

"그런데 너는 진짜 뭐가 문제야? 키도 커, 얼굴도 잘생겨, 괜찮은 직장에, 왜?"

병 주고 약 주듯 현태가 깐족거렸다.

"혹시 눈이 너무 높은 거 아니야?"

성훈이는 갈증이 나는지 맥주를 죽 들이켜더니 우리에게 물었다.

"아니, 소개팅 때 처음 만나는 사람하고 도대체 무슨 얘기를 해야 해요?"

"야, 너 소개팅 한두 번 하는 것도 아닌데 초보처럼 뭘 그런 걸 물어. 대화가 안 되면 그냥 서로 안 통하는 거지."

현태는 대수롭지 않게 반응했지만, 성훈이는 정말 답답한 듯 말을 이어갔다.

"소개팅도 하면 할수록 낯선 사람하고 이야기하는 게 편해질 줄 알았는데 어째 더 어려워요. 어떤 주제로 얘기해야 대화가 멈추지 않을 수 있는지…… 진짜 난감해요."

한창 맛나게 뜯던 닭다리를 내려놓고, 기술팀 진규가 성훈이를 달랬다.

"내가 네 맘 잘 안다. 성훈이 너도 나처럼 남중, 남고, 공대 출신이잖아. 너도 형만 있지? 어휴! 우리 같은 남자들은 여자들하고 자연스럽게 어울리는 환경도 없었고, 엄마 빼고 여자랑 말도 거의 안 해봤을걸? 나는 아직도 처음 만난 여자 동료들하고 얘기하는 게 편하지가 않아. 어제도 재무팀 여사원이랑 일 얘기하는데도 얼마나 힘들었던지…… 특히 그 어색한 침묵의 시간!"

"맞아요, 맞아! 말 툭툭 끊겨서 정적이 흐르면 진짜 너무 힘들어요. 식당에서는 어색하니까 일부러 테이블 위에 음식을 먹기라도 하는데, 그땐 정말 무슨 맛인지 느껴지지도 않고, 가시방석 같아요."

"하하하! 나는 어제 업체 사람들 기다리는 동안 둘이 있는데 침묵이 난감해서 계속 물만 마시다가 나중에 빈 컵 들고 물 마시는 척했어."

진규의 위트 있는 말에 좌중에 폭소가 터졌다. 나는 성훈이에게 최근 소개팅에서는 어떻게 대처했는지 물었다.

"연애 고수들이 쓴 블로그를 찾아보니 할 말이 없으면 질문 던지라고 해서 질문들을 막 외워갔죠. 와! 처음에는 상대가 내 질문에 대답을 잘 해주니까 분위기가 좋았어요. 그런데 시간

관계의 언어

이 지날수록 뭘 물어보면 여자 분 대답도 짧아지고 표정도 안 좋더라고요. 결국 애프터 신청도 바로 거절당했고, 더 짜증 났던 건……"

"뭔데?"

"그분이 주선자한테 제가 '질문봇' 같다고 했대요."

"설마 '질문하는 로봇'? 하하하. 웃으면 안 되는데 미안! 한잔해 성훈아……"

"나는 네가 왜 대화를 어려워하는지 알겠어."

"뭔데?"

"넌 너 혼자 말할 생각만 하네. 무슨 이야기를 할까, 그다음 질문은 뭘 하지, 대화를 어떻게 끌고 갈까, 하고 말이야. 안 그래?"

"맞아요. 그런데 '대화를 잘한다'는 것이 '말 재미있게 잘 하기' 아니에요? 특히 소개팅에서는 남자가 잘 리드하려면 말 잘해야 하잖아요."

내 답답한 마음을 벌써 읽었는지 현태가 간만에 사이다 발언을 했다.

"그러니까 네가 하수인거야. 묻고, 답하고, 리액션 하면서 핑퐁처럼 왔다 갔다 해야 대화지. 너 연애 고수들 질문 리스트만 믿고, 상대가 얘기하는데 머릿속으로는 '다음에 이 질문 해야지'라고만 생각했지? 그러면 당연히 상대방 얘기도 놓치고, 제대로 반응도 못 하는 거야. 취조하듯 질문하게 되고."

"오! 현태가 괜히 연애를 잘하는 게 아니었네! 현태 말이 맞아. 그리고 너무 잘 보이려고 하는 것도 문제야. 상대한테 호감을 얻어야 다음 만남도 있는 거지만, 잘 보이고 싶고 잘되고 싶은 마음이 너무 크니까 여유가 더 없는 것 아닐까?"

현태와 나의 말에 성훈이는 어떻게 알았냐는 듯 신기해하며 고개를 끄덕였다.

"당연히 잘 보이고 싶죠. 여자들이 재미있는 남자 좋아한다고 하니까 더 조바심이 나요. 또 서른 넘었는데 아직도 처음 만난 사람하고 낯가리면, 촌스러워 보이잖아요. 그래서 자꾸 분위기 띄우려고 오버하다가 안 해도 될 얘기 하거나, 군대 얘기하고."

"설마 군대서 축구한 이야기하는 90년대생이 너는 아니지?"

"아, 놀리지 말고, 그래서 뭘 해야 하는지 좀 가르쳐줘요!"

관계의 언어

나는 낯선 사람의 대화가 얼마나 편할까?

나는 처음 만난 사람과 무슨 이야기를 할지 늘 고민이 된다. ☐

나는 첫 만남에서 대화할 주제를 사전에 준비하고 나간다. ☐

나는 대화의 정적을 못 참아 아무 얘기나 우선 한다. ☐

나는 첫 만남 시 상대에게 좋은 인상을 주고 싶어 많이 긴장한다. ☐

나는 대화란 말을 잘하는 것이라고 생각한다. ☐

나의 질문에 상대가 주로 단답형으로 답한다. ☐

나는 스스로 말주변이 없고, 재미없는 사람이라고 생각한다. ☐

나는 상대가 말할 때 내가 해야 할 질문이나 대답을 생각하느라 잘 못 듣는다. ☐

나는 대화가 잘 통했다고 생각했는데 상대는 반대로 생각한 경우가 있었다. ☐

나는 처음 만난 사람과의 자리가 매우 불편하다. ☐

✔ 1~3개: 소통 고수

당신은 첫 만남에서도 능숙하게 대화를 이끌어가는 편입니다. 단, 편안함에 익숙해져 '투 머치 토커too moch talker'가 되는 것을 경계하세요.

✔ 4~6개: 소통 중수

당신은 첫 만남에서 약간의 긴장은 하지만, 일정한 수준으로 대화를 이끌어가는 편입니다. 분위기를 부드럽게 만들어줄 유머를 미리 준비해가세요.

✔ 7~10개: 소통 하수

당신은 첫 만남에서 대화를 잘 이끌어가지 못하는 편입니다. 자꾸 뭔가 말하려 하지 말고, 상대의 말에 열심히 리액션 하는 것부터 연습해보세요.

관계 코칭 원 포인트 레슨

평소 말주변이 없고, 내성적이라 낯선 사람과의 첫 대화가 너무도 두렵다고요? 첫 만남 자리에서도 긴장하지 않고 유연하게 대화를 이끌어가는 방법을 소개합니다.

1. 첫 만남에 대한 나만의 '루틴'을 만들자

새로운 사람을 만날 때 나만의 '루틴'을 만들면 불안함을 줄

관계의 언어

일 수 있습니다. 우선 내가 어떤 행동을 했을 때 그런 긴장감과 불안이 사라졌었는지 떠올려보세요. 그/그녀를 만나러 가는 길에 좋아하는 음악 듣기, 좋아하는 향 맡기 등 오감을 자극하는 루틴도 좋고, 가장 친한 친구와 통화를 나누거나 문자를 주고받으며 마음을 편히 할 수도 있습니다. 또는 약속 시간보다 조금 빨리 도착해 미리 약속 장소를 둘러보는 것도 긴장을 푸는 좋은 방법입니다. 자신이 잘 아는 곳을 약속 장소로 정해 장소가 주는 편안함으로 안정감을 찾는 것 역시 좋은 방법입니다. 이러한 행동들 중 몇 가지를 찾아내 나만의 '루틴'으로 만들고 첫 만남 때마다 반복해보세요. 그런 루틴이 있다는 것만으로도 불안감과 긴장감이 한층 줄어들 테니까요.

2. 잘만 들어도 중간은 간다! 경청하자

분명 대화가 잘 통하는 것 같아서 신나게 이야기를 나눴는데 주선자에게서 온 피드백은 좋지 않았을 때가 있지 않나요? 그렇다면 그날의 만남은 대화가 잘 통했던 것이 아니라 당신 혼자 'TMI'를 남발했을 확률이 높습니다. 상대에게 진짜 말이 잘 통하는 사람으로 기억되고 싶다면, 방법은 의외로 간단합니다. 잘 들으면 됩니다. 하버드대학교의 뇌과학자 다이애나

타미르Diana Tamir와 제이슨 미첼Jason Mitcheel은 뇌 연구를 통해 사람들이 자신에 대한 얘기를 할 때의 즐거움이 돈이 생기거나 맛난 음식 먹거나 섹스를 할 때의 만족감과 유사하다는 사실을 밝혀냈다고 해요.

즉, 사람들은 다른 사람들이 자신의 얘기를 귀담아 들어주는 것을 매우 좋아하는 것이지요. 생각해보세요. 상대방의 말을 잘 경청해서 욕먹는 경우는 없잖아요! 단, 말을 듣는 척하며 머릿속으로는 다음에 무슨 질문을 해야 할지 고민하면 절대 안 됩니다. 진심을 다해 상대의 말에 귀를 기울이세요.

3. 온몸으로 대화하자

한 사람이 상대방으로부터 받는 이미지에서 각 감각이 차지하는 비율은 시각 55%, 청각 38%, 언어 7%라고 합니다. 이 법칙은 사회심리학자 앨버트 머레이비언Albert Mehrabian이 발견하여 '머레이비언의 법칙The law of Mehrabian'이라고도 하는데요. 머레이비언의 법칙에 따르면 우리가 말을 재미있게 못하더라도 언어 외적인 것들로 훨씬 더 큰 점수를 딸 수 있으니 얼마나 다행인가요? 이제 첫 만남에서 무슨 얘기를 해야 할지 고민하지 말고, 내가 상대에게 어떻게 보일 수 있는지 점검해봅시다.

첫 번째는 몸으로 하는 '리액션'입니다. 단순히 입으로 "맞아요", "그렇죠"라고 응답하지 말고 고개를 확실히 끄덕이며 강한 긍정을 보여줍니다. 더 강력한 반응을 하고 싶다면, 소리 내어 웃으며 박수를 치는 것도 좋습니다. 이때 입만 어색하게 웃지 말고 눈까지 함께 웃어야 상대의 말에 진심으로 재미와 흥미를 느끼는 것으로 보인답니다. 그리고 상대에게 호감을 보이고 싶다면, 상대 쪽을 향해 몸을 기울이는 것도 좋은 방법입니다. 내 앞의 상대가 턱을 괴고 말한다면 나도 턱을 괴고 이야기를 듣습니다. 이것이 바로 상대방의 행동을 모방하며 친밀감을 쌓는 '미러링'의 한 예입니다.

두 번째는 말투에 신경을 쓰는 것입니다. 시각만큼이나 인상을 좌우하는 것은 청각, 즉 음색, 목소리 크기입니다. 물론 그렇다고 목소리를 갑자기 바꿀 수는 없겠지요. 하지만 너무 빠르지 않은 속도로 여유 있게 말하는 태도를 보이고, 목소리의 볼륨을 너무 크거나 작지 않게 조절하는 것은 어렵지 않게 시도해볼 수 있는 방법입니다.

세 번째는 상대의 보디랭귀지를 통해 그/그녀의 속마음을 읽는 것입니다. 만약 내가 얘기하고 있는 중에 상대가 팔짱을 끼고 있다면, 내 얘기에 흥미를 느끼지 못했거나 아직 나에게 마음을 열지 못 했다는 시그널입니다. 이럴 때는 음식이나 물

등을 권하면서 슬며시 상대가 팔을 풀어 긴장감을 줄이고 나에 대한 방어적 태도를 해제하도록 도와주세요. 물론 재미없는 대화의 화제도 슬며시 바꿔야겠지요. 상대의 이야기를 들으면서 내가 몸을 상대를 향해 기울였을 때의 반응을 보면, 상대의 나에 대한 호감을 확인할 수 있습니다. 그/그녀도 앞으로 몸을 기울인다면 친밀감을 보이는 것이지만, 뒤로 몸을 기댄다거나 기울이지 않으면 아직 시간이 더 필요한 것입니다. 이런 작은 몸짓에 집중하다 보면 처음 만난 상대가 지금 이 상황과 나에 대한 어떻게 생각하는지에 관해 힌트를 얻을 수 있겠지요?

4. 상대의 말을 복사하자

상대의 말을 잘 듣고, 그/그녀가 사용하는 단어, 추임새 등을 반복해서 말해주는 방법입니다. 일명 '복사기 화법'인 것인데요. 나의 말을 상대가 듣고 내가 즐겨 쓰는 단어로 다시 말해주면 더 존중받고 가까운 느낌이 들어요. 예를 들어 "저는 커피보다는 차를 주로 마셔요"라는 상대의 말을 듣고 "아! 커피보다 차를 즐겨 드시는군요!"로 반응해주는 겁니다.

이런 말이

'가스라이팅'이라고요?

대학 동기인 찬우네 집들이에 초대를 받았다. 찬우는 과 후배인 은영이와 CC(캠퍼스 커플)였고, 소위 '속도위반'으로 동기들 중 가장 먼저 결혼한 사이였다.

"은영아! 오랜만이야! 우리까지 초대해줘서 고마워! 집 너무 예쁘게 꾸몄다!"

"선배들, 어서 와요! 찬우 오빠가 동기 모임은 꼭 집에서 하고 싶다고 해서 초대드리고는 이수 때문에 제대로 치우지도 못 했어요. 저희 그냥 이렇게 살아요. 이수는 학원에서 곧 올 거고, 찬우 오빠는 슈퍼에 잠깐 갔어요."

몇 년 만에 만난 은영이는 반갑게 우리를 맞이했지만, 음식 준비에 피곤했는지 부쩍 지쳐 보였다. 그사이 양손에 잔뜩 술을 사들고 온 찬우는 현관에 들어서자마자 은영이에게 잔소리를 하기 바빴다.

"여보, 그 치마 입지 말라니까 또 입었네. 자기는 그런 롱스커트 안 어울려! 어제 입었던 거 입어."

나는 은영이가 무안할까 봐 찬우에게 핀잔을 던졌다.

"야! 너는 우리는 안 보이고, 와이프만 보이지?"

"왔냐? 다들 모인 거야?"

찬우가 친구들과 인사를 나누는 동안 은영이는 슬며시 방으로 들어가 남편의 요청대로 옷을 갈아입고는 주방으로 향했다. 나도 그녀의 뒤를 따랐다.

"아까 옷도 충분히 예뻤는데 뭘 귀찮게 갈아입었어? 암튼 이찬우 유별나다니까."

"아, 아니에요! 저는 진짜 롱스커트 안 어울리는 것 같아요. 편하긴 한데 오빠 말이 맞아요. 오빠가 오랜만에 친구들 보는데 제가 더 잘 보였으면 하니까 그렇게 말했을 거예요. 미리 오빠 말대로 했어야 했는데 제가 오늘 정신없다 보니 깜빡했어요."

은영이는 남편 대변인처럼 그의 행동을 내게 이해시키려 애썼다. 그녀의 태도가 불편했던 나는 화제를 돌리기 위해 은영이가 만든 잡채를 맛보았다.

관계의 언어

"오! 은영이, 너 제법이다! 맛있어! 이 그릇에 옮기면 될까?"

"네! 그 그릇에 담으면 돼요. 맛 괜찮은 걸까요? 오빠가 맛있다고 해야 할 텐데. 제가 음식 하면 간이 늘 안 맞는다고 해서 걱정하고 있었어요."

은영이가 찬우 눈치를 너무 많이 보는 것 같아 나는 마음이 많이 쓰였지만, 우선 거실로 나가 다 같이 식사를 시작했다.

"너 진짜 결혼 잘 해서 벌써 집도 장만하고 대견하다. 제수 씨! 고마워요. 우리 찬우, 사람 만들어줘서! 자, 제수 씨를 위해서 건배!"

친구 영준이의 장난 섞인 건배사에 찬우는 발끈했다.

"야, 나니까 은영이 데리고 사는 거야. 내가 하나하나 다 가르치면서 살고 있어. 아주 딸 키우는 기분이야, 하하."

나는 아까부터 은영이가 계속 신경 쓰여 그녀를 살피고 있었다. 은영이는 웃지도, 화내지도 않고 이런 상황이 익숙한 듯 체념하다 못해 무기력해 보였다. 그녀가 하원하는 아들 이수를 픽업하러 잠시 다녀온다는 말이 차라리 다행스러웠다.

"어휴! 자기가 그럼 그렇지. 시간 좀 잘 지키라고 매번 말하는데 왜 그게 안 되냐. 이수가 게으르면 다 자기 닮은 걸 거야. 얼른 다녀와."

급히 현관을 나서는 은영이를 향해 속사포로 랩 하듯 잔소리하는 찬우가 얄미워 나는 불편한 마음을 드러냈다.

"찬우야, 너 은영이한테 말 너무 막 하는데?"

"내가?"

"그래! 너, 연애할 때도 그랬어? 은영이가 너 눈치 보느라 아예 생기가 없어 보여."

"하하, 야! 이게 다 사랑이고 관심이지. 은영이도 내가 얼마나 사랑하는지 잘 알아서 오히려 좋아해."

"뭐? 좋아한다고? 너 와이프 표정 좀 봐라!"

나는 물러서지 않았고, 영준이도 거들었다.

"맞아. 은영이 엄청 어두워졌어. 물론 애 키우고 그러느라 힘든 것도 있겠지만, 눈썰미 없는 내가 봐도 불안해 보여."

찬우는 우리의 진지한 반응에 다소 당황했다.

"오해하지 말고 들어. 너 은영이한테 무심코 하는 말들 다 가스라이팅gaslighting에 해당되는 거야."

'가스라이팅'이라는 나의 외침에 모두 젓가락을 잠시 내려놓고 내게 시선을 모았다.

"가스라이팅? 얼마 전에 데이트 폭력으로 이슈화되면서 뉴스에서 들은 말인데. 다른 사람을 막 세뇌하면서 심리 조작하는 거 아니야?"

영준이가 흥미로운 듯 물었고, 찬우는 어이없다는 표정으로 웃다가 맥주잔을 벌컥벌컥 비웠다.

"에이, 오버하지 마! 내가 무슨 그럼 가해자라고 된다는 거야? 은영이는 피해자고? 내가 잔소리는 좀 많이 해도 그 정도는 아니지. 누가 들으면 나 완전 쓰레기인줄 알겠다. 살짝 서운한데?"

"그래! 찬우 네가 나쁜 사람 아닌 것은 내가 잘 알지. 와이프 괴롭히려고 의도적으로 그런 말, 행동을 하는 것도 아니라는 것 잘 알아. 그런데 이 가스라이팅이라는 것이 말하는 사람도 당하는 사람도 서로 그런 줄 모르고 익숙해지는 게 가장 문제거든. 한 사람의 단호한 말과 행동들이 반복되면 상대는 스스로 생각하고 판단하는 것까지 혼란스러워져. 그래서 심리 조작이라고 하는 거고. 실제로는 그렇지 않은데 그런 것처럼 믿게 되는 거지. 상대 말이 무조건 맞고 내가 틀렸구나 하면서."

"오, 그러네! 그런데 주로 연인 관계에서나 나타나는 것 아니야? 데이트 폭력처럼?"

"이슈가 되는 사례 대부분이 연인 관계지만 부부, 가족 심지어 회사에서도 흔하게 일어나."

"와, 소름! 나 예전 상사 생각난다! 나한테 항상 '김 대리는 이직도 힘들잖아? 우리 회사 아니면 어디 갈 곳도 없을 것 같은데' 항상 이랬거든. 처음에 그 말 들었을 때는 '두고 봐라 이 자식' 이런 오기가 생겼는데 계속 들으니 내가 정말 이직도 못 할 거 같고, 스스로가 너무 한심하게 느껴지더라고. 이것도 가스라이팅 맞지?"

"맞아. 바로 그거야. 그런 말 들으면 자신감도 없어지고, 눈치 보게 되고, 계속 나한테 문제 있는 것 같고 그렇잖아. 그런 감정을 느끼는 순간들이 누군가에게 가스라이팅 당하는 순간인 거지."

찬우는 당혹감에 말없이 술잔만 비웠다.

"무섭다! 나도 누군가한테 나도 모르게, '너를 위한 거'라면서 말하고 행동할 수 있다는 거잖아. 그런 말들 또 어떤 거 있어? 야, 우리 모두 잘 듣고 배워야겠다."

"응! 체크 꼭 해봐야 해. 나도 당할 수 있고, 피해를 줄 수도 있으니까, 꼭! 내가 우리 단톡방에 공유할게. 찬우, 너도 꼭 한 번 해보고!"

셀프 체크

1. 나는 얼마나 가스라이팅 언어를 사용할까?

"나니까, 너랑 같이 있어주는 거야." ☐

"내가 몇 번을 말해야 하니?" ☐

"거 봐! 내 말이 맞지? 내 말만 들으면 돼!" ☐

"다 너를 위한 말이야." ☐

"늘 네가 그런 식이니까, 남들이 그렇게 하는 거야!" ☐

"너는 그런 옷(색, 헤어, 스타일 등) 안 어울려!" ☐

"지금 몇 살인데 이것도 못해?" ☐

"왜 마음대로 하는 거야? 하기 전에 나한테 물어보라고." ☐

"내가 언제 그랬어?" / "내가 한 말 무시해?" ☐

"너는 나 같은 사람(배우자, 애인, 상사, 부모) 만난 걸 정말 다행인 줄로 알아라." ☐

2. 나는 얼마나 가스라이팅에 익숙해졌을까?

결국 상대의 의견에 따르게 된다. ☐

상대에게 내 감정, 생각 등을 표현하는 것이 어렵다. ☐

상대와 대화하다 보면 내가 늘 부족하다고 느껴져 자신감이 없다. ☐

주변 사람에게 그 사람의 나에 대한 태도와 행동에 대해 이해시키려
한다. ☐

상대와 함께 있으면 불안하고, 자꾸 눈치 보게 된다. ☐

상대를 만나기 전보다 일상에 자신감이 없어졌다. ☐

사소한 결정도 혼자 하지 못한다. ☐

상대의 기분, 감정을 의식하다 보니 모든 행동이 조심스럽다. ☐

'내가 많이 부족한가', '나에게 문제가 있나' 자꾸 자책한다. ☐

나를 위한 것이라는 상대의 이야기가 부담스럽다. ☐

관계의 (언어)

1. 나는 얼마나 가스라이팅 언어를 사용할까?

✓ 1~3개: 어쩌다 가스라이터

아무 생각 없이 내뱉는 말의 위험성을 인지해야 하는 단계입니다.

✓ 4~6개: 예비 가스라이터

습관처럼 하는 가스라이팅 언어를 의식적으로 바꿔야 하는 단계입니다.

✓ 7~10개: 찐 가스라이터

가스라이팅 가해자로서 지금 당장 가스라이팅 언어의 사용을 멈춰야 하는
단계입니다.

2. 나는 얼마나 가스라이팅에 익숙해졌을까?

✓ 1~3개: 주의

상대의 말과 행동을 경계하고 반복될 경우, 그 위험성을 잊지 말아야 하는
단계입니다.

✓ 4~6개: 순응

혼란스러운 상황을 주변에 알리고, 당신에게 가스라이팅 하는 상대와 시급
하게 거리두기를 시도하세요.

✓ 7~10개: 가스라이팅 피해자

매우 심각한 상황임을 알고 지금 당장 가스라이터로부터 멀리 떨어지도록
하세요.

관계 코칭 원 포인트 레슨

가스라이팅은 오히려 가까운 관계에서 많이 발생합니다. 그래서 손절 자체가 어렵습니다. 손절 없이 현명하게 가스라이팅에서 벗어날 수 있는 방법, 또 나 자신이 무심코 가스라이팅을 하지 않을 수 있는 방법을 공유합니다.

1. 가스라이터가 되지 않는 대화법

의도적이지 않더라도 습관이 되면 누구나 가스라이터로 만드는 무서운 말들이 있습니다. 다음은 관계별로 정리해본 가스라이팅 언어들입니다. 절대 쓰지 마세요!

[연인]

- "다 내가 사랑해서 그런 거야!"
- "사랑한다면서 이것도 못 해줘?"
- "그 옷, 헤어 스타일 너랑 안 어울려. 하지 마."
- "네가 항상 그런 식이니까 내가 이러는 거야."

관계의 언어

- "왜 이렇게 예민해? 정말 피곤하다."
- "그런 식으로 하면 나 못 만나."
- "네가 어디 가서 나 같은 사람 만나겠냐?"

[회사]
- "학교 다닐 때, 이런 것 안 배웠어요?"
- "도대체 생각이 있는 거예요, 없는 거예요?"
- "왜 말귀를 못 알아듣나?"
- "초등학생도 이것보다 잘하겠다."
- "이러고도 월급 받는 게 창피하지 않나요?"

[가족]
- "다 널 위해서 엄마 아빠가 하는 말이야!"
- "어디 엄마(아빠) 없이 잘 살아봐라."
- "엄마(아빠) 말 안 들어!"
- "넌 누굴 닮아서 그러니!"
- "너 때문에 정말 죽겠다!"
- "네가 말 잘 들으면 왜 때리겠니?"

[친구]

- "제발 철 좀 들어라!"
- "그러니까 네가 연애(결혼) 못 하는 거야."
- "넌 맞아도 싸다."
- "너 같은 사람을 누가 좋아하겠니?"

2. 가스라이팅으로부터 벗어나는 대화법

① '내가 너무 예민한가' 하는 자기 검열을 상호 점검으로!

'내가 예민한가', '내가 이상한가', '왜 이렇게 혼란스럽지'라는 생각이 반복된다면, 스스로를 가스라이팅에서 구출할 수 있는 첫 번째 시그널입니다. 이 시그널을 가볍게 여기거나 절대 그냥 지나치면 안 돼요. '가스라이팅'이라는 용어를 처음 사용한 정신분석가 로빈 스턴Robin Stern 박사는 가스라이팅을 당하는 사람들은 스스로의 언행을 자꾸 되돌아보며 후회, 자책한다고 설명했습니다.

관계는 상호작용으로 한 사람만 늘 잘못하는 경우는 없어요. 따라서 스스로의 행동을 끊임없이 점검하는 자기 검열이 아니라 상호 점검이 이루어져야 합니다. 지독한 자기 검열의 무덤에 빠지게 되면 결국 상대에게 모든 것을 맞추게 되고, 심

관계의 언어

지어 상대의 기분을 맞추기 위해 거짓말까지 하게 됩니다. 나에 대한 검열을 우리에 대한 점검으로 바꾸는 것이 가스라이팅으로부터 벗어나는 첫 단추입니다.

- '내가 예민한가?'
  ⇒ '우리는 언제 서로 예민해지지?'
- '내가 이상한가?'
  ⇒ '우리가 서로 이해 못 하는 것들은 뭐지?'

② 상대를 방어해주는 말로 변호하지 말자

가스라이팅에 익숙해지면 상대의 행동으로 인한 무례함, 불쾌함, 부당함 등을 판단조차 하기 힘들어집니다. 가끔 피해자 주변 사람들이 불편함을 느껴 가스라이터의 행동을 지적하면 피해자는 스스로를 문제 삼거나, 상대를 변호하기 바쁩니다. 지인들의 우려가 잔소리처럼 들리니 아예 그/그녀와의 관계 이야기를 함구하고 말기도 하지요. 아무 일도 없는 것처럼요.

친한 친구들을 만나 내 주변 관계들로부터 느끼는 서운하고 속상한 이야기를 한바탕하고 나면, 해결은 아니어도 속 시원해지는 경험, 다들 있지요? 비록 뒷말이라고 하더라도 내 편이 되어 공감해주고, 화끈하게 나 대신 상대에 대한 욕도 해주고, 때로는 내가 보지 못한 상황을 정리해주는 대화 속에서 우리는 관계의 균형을 찾는 힘을 충전하곤 합니다. 어떤 관계에서 자꾸 마음에서 걸리고, 혼란스러운 점이 있다면 주변 사람들의 이야기를 들어보세요.

친구들에게 이야기하는 것이 거북스럽다면, 온라인 상담 게시판 등에 사연을 올려 여러 사람들의 생각을 확인할 수도 있습니다. 나를 제외한 사람들이 내가 고민하는 상대의 행동에 대해 공통적으로 '이상하다', '이해할 수 없다'라고 반응한다면, 진짜 위기입니다!

③ 절대 논리적으로 설득하지 말자

가스라이터들은 관계에서 늘 갑이 되려고 합니다. 그래서 관계의 우위를 확실히 하고, 상대를 통제하기 위한 언행을 일삼는 것이지요. 이들은 상대방의 심리와 상황을 꿰뚫는 만큼 옳고 그름을 따지거나 논리적으로 문제 해결을 요청하는 것 자체를 꺼립니다.

그래서 가스라이터에게 반대되는 의견을 제시할수록 오히려 자신만 더 혼란스럽고 이상해지기 마련입니다. 즉, 내가 이성적으로 상대와 맞설수록 돌아올 말은 뻔합니다. 예컨대 다음과 같은 말들이요.

- "네가 그런 식이니까, 내가 이러는 거야."
- "넌 항상 그렇게 취조하듯 얘기하더라."
- "됐고! 말도 안 되는 소리하지 마!"
- "그래서 지금 네가 잘못이 없다는 거야?"

이렇듯 가스라이터가 상황, 맥락, 양심을 팽개치고 말을 할 때는 조목조목 반박하지 말고, 이렇게 말하도록 해요 "아! 당신은 그렇게 생각하는 군요. 우선 알겠어요." 기억하세요. 가스라이터는 이성적인 대화가 불가능한 사람이라는 것을요.

④ Thanks, but No thanks!

유독 나의 스타일, 취향, 선호를 지적하는 가스라이터에게 필요한 대응법을 알려드릴게요. 바로, 'Thanks, but no thanks!', '고맙지만, 사양할게요' 반응입니다. 가스라이터들은 다 너를 위해 하는 말이라며 옷차림, 화장, 걸음걸이, 메뉴 선택까지도 지적하고 간섭합니다. 어찌 되었건 나에게 관심을 가져주고 입이 아프도록 이야기하는 그들에게 고마움을 던져주세요! 그리고 내 의견을 덧붙입니다. 다음의 예시처럼 연습해볼까요?

[연애]

<u>가스라이터:</u> "넌 빨간색 립스틱 바르니까 진짜 촌스러워 보여! 다른 색 발라!"

나: "자기, 나 빨간색 립스틱 바른 거 딱 알아봐줘서 고마워! 다른 친구들은 다 잘 어울린다고 했는데. 우선 산 것은 다 써야 하니 나중에 다른 색 살게!"

[회사]

<u>가스라이터:</u> "이 대리, 그렇게 일해서 퇴사하면 갈 덴 있나?"

나: "부장님, 미리 그렇게 염려해주셔서 감사합니다. 더 열심히 할게요."

[가족]

<u>가스라이터:</u> "엄마 말 들어. 다 널 위해 하는 말이야."

나: "고마워요, 제가 충분히 잘 생각해볼게요."

[친구]

<u>가스라이터:</u> "네 여자 친구가 훨씬 아까워."

나: "야, 내 여자 친구 좋게 봐줘서 고맙다. 내 여자 친구 진짜 괜찮지? 그런 여자가 나 좋아한다잖아."

관계의 언어

끼고 싶지 않은
뒷담화 지옥에서
벗어나고 싶어요!

"다현아! 너 구두 신고, 정장 입으니 진짜 직딩 맞네, 맞아!"

"헤헤, 갑자기 차려입고 다니니 엄청 피곤해요. 아직 어색하고요!"

취업의 문턱을 넘어 홀가분하게 만난 우리는 신입 사원의 일상을 주제로 신나게 수다를 떨었다.

"신입 사원 생활은 잘 적응하고 있어?"

"코치님, 아직 멀었어요. 아직 선배들 눈치 보고, 욕 안 먹을 정도로 따라 한다고 하는데 매일 실수투성이에요."

"뭐가 가장 힘드니?"

"음…… 사실 일은 배우면서 해나가는 거니까 괜찮은데요.

사람이……"

다현이는 뭔가 답답한 듯 대답을 망설였다.

"코치님, 이렇게 다른 사람들도 직장에서 인간관계 때문에 고민해요?"

"그럼! 생각해보면 회사야말로 나이, 관심, 전공, 고향도 전부 다르니 다양한 사람들을 마주칠 수밖에 없지. 거기에 직급까지 있잖아. 우리 다현이를 누가 힘들게 하는 거야?"

"차라리 꼰대면 그러려니 하겠어요. 여자 선배가 있는데 저만 보면 다른 사람들 뒷말을 해요!"

"하하, 다현이 같은 신입 사원 데리고 이 사람 저 사람 흉보듯 뒷담화를 하는구나! 어느 조직에나 있지, 그런 뒷담화쟁이들."

"아주 짜증 나요. 그 선배랑 대화하면, 거의 40%가 팀장님 욕이고, 30%는 동료 험담, 20%는 옆 팀원 연애사에 '얼평(얼굴 평가)'…… 10%만 업무 얘기고요."

"뭐? 이렇게 말만 들어도 갑갑하고 짜증 난다. 막내 데리고 뭐 하는 거야!"

"항상 그 선배는 '내가 너한테만 말해주는 건데' 이러면서 대단한 정보라도 주는 듯 시동을 걸어요. 저도 처음에는 모르는 게 많으니 알아두면 좋겠지 싶었고 선배 얘기니 잘 들었는데, 요즘은 너무 불편해요."

"뭐가 가장 불편해?"

"우선 하도 팀장님 욕을 많이 들으니까 저도 어느 순간 팀장님을 나쁘게 보게 되는 거예요. 우리 팀장님 괜찮은 분 같은데, 객관적으로 보지 못 하게 되고 혼란스럽다고 해야 하나? 그리고 제가 직접 욕은 안 했어도, 그 자리에 있었다는 것이 괜히 찔려요. 그래서 팀장님하고 얘기하거나 일할 때 제 행동이 부자연스러워졌어요."

"응. 그럴 수 있지. 뒤에서 욕하고, 앞에서는 웃는 사람처럼 보일 수 있으니 혼란스럽겠다, 에휴."

"팀 회의 중 메신저로 '팀장, 또 시작이다!' 실시간으로 메시지가 계속 와요. 그러면서 은근슬쩍 '진짜 짜증 나지 않아?' 저한테 동조의 대답을 강요하고요. 얼마 전 회식 자리에서는 카톡으로 팀원들 막 씹어대고는, 제가 일부러 안 보고 있으니 눈빛으로 어서 핸드폰 보라는 신호를 보내는데 정말 난감해 죽는 줄 알았어요."

"어머 어머! 아주 뒷말 중독자구만!"

"진짜 아무렇지도 않게 남 이야기하는 정도가 습관이 아니라 진짜 중독이 맞아요. 사실 그래서 더 쉽게 도망을 못 치겠어요. 그 선배 문자 씹거나 얘기를 안 들어주면, 저도 미움받아서 뒤에서 계속 그렇게 씹힐 테니까요. 사실 무서워요. 동기도 아니고 선배니까 무시도 못 하겠고요."

"맞아. 그렇게 함부로 남 이야기하기를 좋아하는 사람은 자기 호불호에 따라 누구든 쉽게 평가하면서 막말하고 다니잖아."

"이런 고민은 학생 때나 하는 줄 알았는데 회사에서 겪으니 진짜 더 멘붕이네요!"

다현이는 머리를 쥐어짜며 괴로워했다.

"다현아, 너 정말 스트레스를 많이 받고 있구나. 보통 그 상황들에 어떻게 대처하니?"

"문자가 오면 최대한 늦게 반응하고요. 여럿이라도 있으면 슬쩍 전화 받는 척 자리를 피하는데, 일대일로 마주하고 있을 때는 진짜 빠져나갈 구멍이 없어요. 특히 '넌 못 느꼈어?' 하는 이런 압박 질문에는 '아, 그런가요?'라고 얼버무리는데…… 입이 더러워지는 느낌이랄까! 제가 아무리 그 대화에서 소극적이라고 해도 듣고 있었던 것은 사실이니까요. 진짜 생각만 해도 골치 아파요. 지난주에 친구들 만나서 이 얘기를 하니 애들은 당장 손절하라고 하는데, 직장 상사랑 어떻게 손절해요. 그것도 신입 사원이요. 코치님 저 진짜 뒷담화 지옥에서 구원 좀 해주세요! 네?"

셀프 체크

나는 평소에 얼마나 뒷담화를 즐길까?

나는 다른 사람들과 내 이야기보다 제3자 이야기를 더 즐겨 한다. ☐

뒷담화를 하고 나면 불편한 감정이 해소된다고 느낀다. ☐

동료, 친구들의 공식 단체 채팅방 외에 소수만이 참여하는 채팅방이 따로 있다. ☐

타인에 대한 부정적인 이야기를 하는 것에 거리낌이 없다. ☐

뒷담화는 누구나 하는 자연스러운 소통이라고 생각한다. ☐

뒷담화를 함께 나눈 사람들과 더 친밀함을 느낀다. ☐

내가 다른 사람의 뒷담화를 하는 이유는 그럴 만하다고 생각하기 때문이다. ☐

의도하지 않아도 자연스레 누군가의 뒷담화를 하는 나를 발견한다. ☐

다른 사람의 뒷담화를 하다가 걸린 적이 있다. ☐

뒷담화를 함께 나눈 사람들도 그 대상에 대해 나와 같은 의견일 것이라고 생각한다. ☐

✔ 1~3개: 순수 뒷담러
뒷담화 참여에 대한 죄책감을 잊지 말고, 뒷담화 참여 기회를 차단하세요.

✔ 4~6개: 습관성 뒷담러
아직까지는 당신의 의지로 뒷담화를 자제하는 것이 가능하니 의식적으로 뒷담화를 하지 않으려고 노력하세요.

✔ 7~10개: 뒷담화 중독자
당신의 뒷담화 중독에 질린 누군가로부터 곧 손절당할 준비를 하셔야 합니다.

관계 코칭 원 포인트 레슨

뒷담화를 하는 자리는 가능한 최대한 멀리 하는 게 제일 좋습니다. 하지만 사람 일이라는 것이 언제나 마음대로 되지는 않지요. 뒷담화에 정말 끼기 싫은데 어쩔 수 없이 그 자리에 있어야 할 때, 어떻게 대처해야 할지에 대한 방법을 공유합니다.

1. 자리에 함께 하되 감정만 읽어주자

영국 인류학자 로빈 던바Robin Dunbar는 1997년, 사람 사이 대화의 2/3는 타인에 대한 험담으로 이루어졌음을 밝혀냈습니다. 이는 과거에 동물들이 서로 털을 다듬어주는 그루밍 grooming처럼 결속력을 높이는 역할을 한다고 소개했는데요. 이처럼 뒷담화는 자신의 정체성을 확인하고, 공유하는 기능을 하기도 합니다. 뿐만 아니라 2006년 미국 텍사스대학교와 오클라호마대학교에서 이루어진 공동 연구 결과는 사람들이 제3자에 대한 부정적 이야기를 공유할 때, 긍정적 이야기를 나눌 때보다 서로를 더 가깝게 느끼며 결속력이 강해짐을 증명하기도 했습니다. 결속력은 함께 유지하되, 험담에 참여하고 싶지 않다면 판단은 미루고 감정에만 동의해주면 됩니다. 예컨대 "걔는 진짜 상사들 앞에서 아부가 대단해. 정말 짜증 나더라"라는 험담을 들었다면, "아! 진짜 짜증 났겠네. 요즘 가뜩이나 일도 많은데 진짜 힘들었겠네" 정도로 반응해도 충분합니다.

2. 모르쇠로 일관하자

심리학자 콜린 질Collin Jill은 2011년 연구를 통해 뒷담화를 하는 동안 우리 몸 안에서 세로토닌이 발생된다는 사실을 밝혀냈습니다. 세로토닌은 스트레스와 불안을 감소시켜주는 호르몬으로 알려져 있지요. 즉, 타인에 대한 험담을 하면서 상대로 하여금 누군가에 대한 이야기를 전달하는 나에게 관심을 갖게 만들기도 하고, 거기에서 비롯된 유대감으로 행복함을 느끼는 것이지요. 험담을 주도하는 사람들은 세로토닌을 더 끌어올리고자 "너한테도 그런 적 있지?", "너도 그렇게 느꼈지?" 하는 등 동의 구하기 스킬을 보이기도 합니다. 그럴 때는 동조하지 말고 "아, 그래? 난 잘 모르겠던데", "아, 진짜요? 전 처음 듣는 이야기라서" 등의 말로 대응하세요. 상대 입장에서는 더 이상 동참을 이끌어내기 어려워지니, 결국 다시 본인이 욕을 하는 태세로 전환할 수밖에 없게 됩니다.

3. 최대한 늦게 참여하자

일대일이 아닌 여러 명이 참여한 뒷담화 현장에 있을 때는 상황에 따라 다음과 같이 대응합니다.

① 대면 뒷담화 상황

그 대화에 최대한 늦게 끼세요. 굳이 내가 대화에 참여하지 않아도 다른 사람들이 험담을 이어나갈 테니까요. 물론 중간에 나의 의견을 묻기도 하겠지만, 앞서 제시한 솔루션처럼 "아, 그래? 난 처음 듣는 이야기라서 잘 모르겠네. 그래서?" 정도의 추임새만 해도 충분합니다.

② SNS 뒷담화 상황

카톡 단체방과 같은 SNS에서 뒷담화가 꽃피고 있다면? 이럴 때는 조금 비겁하긴 하지만 최대한 늦게 대화를 읽는 것이 좋습니다. 리액션도 최대한 늦게 하고요. 카톡으로 하는 뒷담화는 말 그대로 기록이 남습니다. 내가 그 방에 있다는 것 자체만으로도 험담에 동참한 것처럼 보일 수 있습니다. 가능하면 그들의 이야기는 알람으로만 확인하고 단체 대화방에 들어가서 메시지를 읽었음을 알려주는 숫자를 없애지 않고 있다가 한참이 지나 나중에 내용을 확인하는 방법으로 거리두기를 하는 것이 가장 안전한 방법입니다.

4. 슬기로운 뒷담화 생활 관리 방법

이미 뒷담화에 자연스레 가담하여 나도 모르게 그 대화를 즐기고 있었다면 다음의 긴급 처방을 통해 뒷담화의 수렁에서 빠져나오는 것이 어떨까요?

① 반면교사 삼기

"평소에 그 사람이 잘하면 누가 뒷말을 하겠어요?"라고 반문하고 싶다면, 이제 그 문제의 행동을 욕하지 말고 '나는 그런 행동을 하지 말아야지', '저런 태도는 다른 사람이 싫어하는구나' 하고 최소한 나는 그런 행동과 태도를 보이지 않겠다는 반면교사의 계기로 삼도록 하세요.

② (다른 사람에게) 말하지 말고 혼자 적기

뒷담화의 충동이 올라올 때는 말할 대상을 찾지 말고, 노트나 메모장을 열어 자신의 감정들을 조용히 기록하세요. 그렇게 불쾌한 감정들을 배출하는 것만으로도 뒷담화의 충동을 자제하는 효과가 있습니다.

③ 뒷담화 욕구 차단 행동 만들기

자꾸 누군가를 뒷담화 하고 싶은 욕구가 올라올 때는 이를 차단할 나만의 행동을 미리 만들어보세요. 예를 들어 사탕이나 껌을 씹는다거나, 유튜브의 재미있는 영상을 찾아본다거나, 자리에서 벌떡 일어나는 등 뒷담화를 하고 싶은 욕구를 멈추고 다른 데 관심을 돌릴 수 있는 방법을 찾아보는 것이지요.

관계의 언어

욕먹을 것 같아
거절을 못하겠어요!

고등학교 시절 친구 하영이, 유빈이와 수다를 떨며 지은이를 기다리고 있었다. 단톡방에 올라온, 늦을 것 같다는 지은이의 메시지를 보고, 하영이가 말했다.

"얘 분명히 또 남의 일 도와주느라 못 나오고 있는 거다!"

"뻔하지, 뭐. 주위 부탁 다 들어주면서 일하면 칼퇴 못 하지."

"너네 기억나? 지은이 우리 고등학교 때 시내 나가서……"

"아, 그 도를 믿습니까?"

"응! 그때 나랑 지은이랑 걸어가고 있는데 얼굴에 복이 많다면서 어떤 아줌마가 막 다가오는 거야. 그리고 한참을 얘기하더니 좋은 곳 소개해주겠다면서 같이 가자고 하는데 지은이가 따라가려고 나섰어."

"아, 기억나! 그때 하영이 너 아니었으면 지은이 진짜 끝까지 따라갔을걸?"

"암튼 난 아직도 길거리에서 그런 사람 보면, 우리 지은이 걱정돼 죽겠어. 혼자 있다가 거절 못 하고 따라갈까 봐."

한창 지은이 얘기를 하는데 헐레벌떡 그녀가 들어왔다.

"늦어서 미안! 정시 퇴근하려 했는데 갑자기 팀원이 제안서 마감 도와달라고 해서."

"이지은! 너 아직도 사람들이 부탁하면 다 받아주는 거 아니지?"

"내가 할 수 있으니까 하는 거지. 괜찮아"

"어휴! 그것 좀 고쳐야 된다니까. 넌 너무 한결같이 착해!"

지은이가 오니 반가움과 안타까움이 뒤섞여 우리는 잔소리를 늘어놓았다. 평소답지 않게 어두운 지은이의 표정에 나는 마음이 쓰였다.

"좀 피곤해 보여, 지은아. 요즘 일 많아?"

"일이야 항상 많지. 오늘은 그래도 일찍 탈출했어. 나 사실 너희 만나면 물어볼 것이 있었어."

오자마자 애정 어린 잔소리를 쏟아부은 것이 미안한지 성격 급한 하영이가 적극 부추겼다.

관계의 언어

"뭔데! 누가 너 괴롭혀? 말만 해! 이 언니가 가서 확!"

"사실 두 달 전쯤 대학 선배가 돈이 필요하다고 해서 빌려줬거든. 한 달 후면 돌려준다고 약속했었고. 그런데 아직 돈을 못받아서 문자 했는데 보고서도 답이 없어. 나도 다음 달 원룸이사 준비로 당장 돈 필요한데……"

"헐? 전화는 해봤고? 얼마나 빌려줬는데?"

"전화는 내가 어색하기도 하고, 말을 제대로 못할 거 같아서문자만 두세 번 보냈었어. 500만 원……"

"아우! 야, 그 사람 번호 줘! 내가 전화할게. 이 바보야, 그렇게 큰돈을 함부로 빌려주면 어쩌냐?"

"어렵게 부탁하는데 그럼 어떻게 모른 척해! 나도 고민은 됐는데 안 된다고 못하겠더라고. 딱 한 달이면 갚는다고 하기도했고."

"너 우리가 몇 번이나 말했었냐! 그렇게 남들 부탁 다 들어주다 보면 호구 잡힌다고!"

하영이는 자기 일처럼 화가 나서 지은이를 다그쳤다. 지은이는 풀이 죽어 민망한 듯 웃다 이내 울먹였다.

"나 진짜 호구 같지? 회사 동기는 일 많으면 팀장이 지시해도 시간 없다고 딱 자르는데, 나는 일주일째 야근해도 동료들요청이 오면 내가 하겠다고 하게 돼. 매번 후회는 하는데 막상 그 상황이 되면 똑같아. 그러니까 팀장도 어렵고 오래 걸리는 일은 나한테만 주더라고. 후배들마저도 부탁할 때 전에는 슬쩍 눈치 보며 말했는데 이제는 당연하게 생각하는 눈치야."

지은이는 그간 서러움이 폭발했는지 울면서 말을 이어갔다.

"사람들이 나한테 착하다고 하는데, 난 그 말이 너무 듣기 싫어. 사실 거절을 못 하는 것뿐인데. 혹시나 욕먹게 될까 봐 '싫다', '안 한다'라고 못해서 어쩔 수 없이 내가 하는 거잖아. 바보같이……"

나는 말없이 그녀에게 휴지를 건넸다.

셀프 체크

나는 얼마나 거절을 잘할까?

누군가의 부탁을 받으면 먼저 '알겠다' 말한 후, 돌아서서 후회한다. ☐

다른 사람들이 내게 착하다는 말을 자주 한다. ☐

부탁을 들어주지 않으면 나를 좋아하지 않을 것이라는 생각이 든다. ☐

상대의 기분이 좋아야 내 기분도 좋아진다. ☐

상대의 부탁을 들어주다가 내가 손해 본 적이 많다. (돈, 시간 등) ☐

다른 사람의 부탁을 들어주면서 내가 안타깝다는 생각을 자주 한다. ☐

일이 잘못되면 다 내 잘못인 것 같다. ☐

감당하지 못할 일을 떠맡고 자주 힘겨워한다. ☐

나는 타인에게 받는 것보다 주는 것이 편하다. ☐

내가 쉽게 거절하지 못해 다른 사람들에게 이용당할 때도 있다. ☐

✓ 1~3개: 소신맨

당신은 무조건적인 예스맨은 아닙니다. 단, 소신에 따라 거절을 해야 할 때는 정중하고 세련되게 표현하세요.

✓ 4~6개: 예스맨

당신은 상황에 따라 유연하게 거절을 표시할 줄 알지만, 때때로 그렇지 못하는 경우도 있습니다. 거절을 하더라도 관계, 일 등에서 문제가 되지 않는 경험을 더 늘려보세요.

✓ 7~10개: 프로 예스맨

당신은 주위의 부탁을 한사코 거절하지 못하는 프로 예스맨입니다. 사람들과 떨어져 잠시 쉬면서 나만을 위한 시간을 가져보도록 하세요.

관계 코칭 원 포인트 레슨

나에게 오는 부탁을 모두 수용하는 것은 불가능한 일입니다. 예의를 갖춰 거절한다면 관계도 해치지 않고, 나 자신도 지킬 수 있습니다. 다음은 세련된 거절의 기술입니다. 차근차근 연습해서 실전에서 꼭 사용해보세요.

관계의 언어

1. "예스"를 외치기 전에 일시 정지하자

예스맨들은 누군가가 부탁이나 요청을 하면 그 자리에서 바로 수락하고는 곧 후회하곤 합니다. 다들 그런 경험 한 번쯤 해보지 않았나요? 후회 없는 선택을 하기 위해서는 상대의 요청에 바로 대답하지 않고 스스로에게 시간을 벌어주어야 합니다. 이를테면 애인과 저녁 약속이 예정된 오후, 동료가 "나 내일까지 이거 꼭 끝내야 하는데, 같이 야근 좀 해주라" 하고 부탁했다고 가정해봅시다. 그럴 때 보통의 예스맨이라면 "어, 그래 알았어"라고 대답하고는 애인과의 약속은 어떻게 해야 할지 몰라서 자기 머리를 쥐어박으며 후회할 것입니다.

이럴 때 "아, 그래? 내가 일정 좀 보고 이따 다시 얘기해줘도 될까?"라고 말하면서 고민할 시간을 갖는 겁니다. 그래서 약속을 미루고 들어줘야 할 정도의 부탁이라고 생각되면 수락하고, 그렇지 않다면 도와주지 못해 미안하다는 사과와 함께 부탁을 거절하면 됩니다. 이렇게 시간 차를 둔 대답을 하게 되면, 내 상황에 맞는 합리적인 거절 또는 수락을 하게 될 뿐만 아니라 일정이 꼬이지 않게 되어서 스트레스가 확 줄어들지요. 또한 비록 부탁에 응해주지는 못했다고 하더라도 내가 해줄 수 있는 다른 무언가를 제안할 수도 있을 겁니다. "잠깐만, 내가 조금만 있다가 알려줘도 될까?"라고 대답하기 시작했다면 당신은 무한 예스의 굴레에서 벗어나는 첫발을 내딛은 셈이에요.

2. 시간, 돈, 에너지를 평가하라

타인의 부탁을 수용 또는 거절할지를 결정하기 전에 내가 그 부탁을 들어주기 위해 들여야 하는 시간과 돈, 에너지 이 세 가지를 따져보고 내가 들어줄 수 있는 부탁인지를 점검해보는 것도 중요합니다. 이를 통해 나의 우선순위를 확인하는 것이지요. 생각보다 어렵지 않지요? 이런 기준들로만 생각해봐도 어떤 부탁에 '예스'를 하고 '노'를 해야 할지가 명확해집니다.

[시간]
- 선약을 깨야 하는 등 나의 기존 스케줄을 바꿔야 하는 부탁인가?
- 너무 많은 시간이 소요되는 부탁은 아닌가?

[돈]
- 내가 써야 할 돈인데 상대에게 빌려주는 것인가?
- 이 돈을 돌려받지 못해도 내가 감당할 수 있는 금액인가?

관계의 언어

[에너지]

- 내가 (정신적 또는 육체적으로) 현재 피곤한 상태인가?
- 평소 나의 신체 리듬을 깰 가능성이 있는 일인가?

3. 거절도 무한 반복 연습이 필요하다

거절도 연습이 필요하다고요? 네, 당연합니다. 거절도 연습해야 체화됩니다. 작은 거절들을 여러 번 해봄으로써 거절에 익숙해지는 것이지요. '부탁을 거절하는 걸 무조건 나쁘게 보지 않는구나', '부탁을 거절한다고 해서 이 사람과의 관계가 틀어지지 않는구나' 하고 학습하게 되는 겁니다. 친밀한 타인의 부탁을 거절하는 일이 고난도라면, 완벽한 타인에 의한 부탁, 예컨대 일회성 광고 스팸 전화나 길거리에서 나눠주는 전단지 등부터 거절하는 연습을 해보세요. 무례하게 굴 필요는 없지만 지금 당장 내게 필요 없는 것이라는 판단이 들면, 과감하고 깔끔하게 거절해도 됩니다. 방금 걸려온 스팸 전화를 아직도 받고 있다고요? "죄송합니다. 전화 끊겠습니다"라는 정중한 인사와 함께 살포시 통화 종료 버튼을 눌러보세요.

만약 이 단계까지 성공했다면, 이제는 주변 사람들의 작은 부탁을 거절해보는 겁니다. 만일 내가 아니어도 대체할 사람이 있는 일이라면 거절의 부담이 크지 않을 거예요. 예를 들어볼게요. 바쁜 업무 중에 있는 나에게 친구가 동기들과 찍은 여행 사진을 보내달라고 부탁했습니다. 이럴 때는 "이따가 보내줄게"라고 말해도 되지만, "아, 내가 지금 좀 바빠서. 재훈이한테 부탁해볼래?"라고 응답해도 좋습니다. 꼭 내가 아니어도 도와줄 수 있는 사람이 있는 일이기 때문입니다.

4. 욕먹지 않을 '거절의 언어'를 사용하자

거절을 할 때는 부탁한 상대가 무안하거나 속상하지 않게 '세련된 거절의 기술'이 필요합니다. 다음은 거절을 쉽게 할 수 있는 치트키 같은 말들입니다. 어떻게 거절해야 할지 난처할 때 이 말들로 운을 떼어보세요.

- "나한테 먼저 물어봐줘서 고마워! 다만 이 건은 나도 힘들 것 같아, 어쩌지?"
- "어휴, 너도 힘들게 부탁했을 텐데, 긍정적으로 답을 못 줘 미안해."
- "미안해! 이번엔 어렵지만, 다음 기회에 꼭 도와줄게."
- "이 요청은 지금 내가 못 들어줘도, 내가 다른 도와줄 일

은 없을까?"

- "ㅠ.ㅠ 미안해!" (문자 메시지나 메신저 등에서는 미안함을 나
타내는 이모티콘을 사용하는 것도 방법입니다.)

자꾸 사람들이
나에게
로봇 같다고 해요

엄마 친구 아들 태형 씨를 코칭한 적이 있다. 태형 씨는 소위 '엄친아'의 모든 스펙을 다 갖추었음에도 치명적 약점이 한 가지 있어 태형 씨의 어머님이 엄청 속을 태우는 눈치였다. '오죽하면 나에게까지 소개해주실까?'라는 생각에 서둘러 그를 만났다.

"태형 씨는 고민이 뭐예요?"

"얼마 전에 회사에서 동료들한테 피드백을 받았는데, 제가 로봇 같다고 하더라고요."

훤칠하고 준수한 외모의 그가 로봇이라고 불린다니 나는 속으로 많이 의아했다.

관계의 언어

"주변 사람들이 저의 평소 대화 스타일이나 리액션이 로봇처럼 기계적이고 딱딱하다고 느끼나 봐요."

"태형 씨는 동료들의 의견을 어떻게 생각해요?"

"사실 제가 뭘 잘못하고 있는 건지 모르겠어요. 그런데 저는 사람인데 로봇 같다고 하니 기분도 나쁘고, 관계가 너무 어렵게 느껴져요."

"어휴, 당황스럽고 난감하겠네요. 회사에서 말고, 연애나 친구 관계에서는 어때요?"

"아, 그게……"

머리를 긁적이면서 눈을 피하는 그의 자신 없는 모습만큼 다른 관계들도 난감한 상황인 것 같았다.

"사실 같은 이유로 계속 여자 친구들과 싸우거나 헤어져요."

"그랬군요! 주로 이별하는 이유가 뭔가요?"

"왜 공감을 안 해주냐고 늘 그래요. 너무 차갑다고요."

"예를 들어?"

"한 달 전에 헤어진 계기는…… 여자 친구가 운전 연수 중에 차 사고가 났다고 문자가 왔어요. 그래서 놀란 마음에 바로 전화를 했죠. 그날 사실 일이 많아 바빴는데 문자 보자마자 전화를 건 거예요. 연락해서 운전 시작한 지 얼마 안 됐는데, 혹시 차 보험 들어됐냐고 물어봤어요. 그랬더니 막 화를 내는 거예요. 저는 생각해서 한 말인데……"

"아, 태형 씨는 바쁜 와중에 바로 연락한 건데, 상대가 화를 내니 황당했겠네요."

"그렇죠. 전화도 바로 했어요. 문자로 답한 것도 아니고!"

"여자 친구가 왜 서운해했는지 나중에라도 알았나요?"

"처음에 괜찮냐고 물어봐야지, 차 보험 들었냐고 물어보는 것이 서운했다고 해요. 뭐, 그것 말고도 연애하는 동안 저보고 항상 자신의 얘기에 공감 못한다고 하더니 결국 헤어지자고 하더라고요. 저랑 대화하면 외롭다고요."

"에구, 그전에도 비슷한 경험들이 있으셨던 거예요?"

"그렇죠. 사람들이 주변 사람들한테 느끼는 서운한 걸 연인에게 많이들 하소연하잖아요. 저는 듣기 싫어도 다 들어줘요. 그런데 아무리 저랑 가까운 사람들이어도 그들이 다 옳고, 잘하는 건 아니잖아요. 그래서 이건 네가 잘못한 것 같다는 식으로 말하면 또 난리가 나죠. '넌 누구 편이냐', '너랑은 얘기할 맛이 안 난다' 항상 그런 식이었던 것 같아요."

"아아! 그런 이야기를 들으면 어떠세요?"

"처음에는 그냥 이 사람이랑 안 맞나 보다 했는데, 누구를 만나든 반복되니까 제 소통 방식에 문제가 있다고 느껴져서 위축돼요. '자꾸 공감을 못한다', '공감 좀 해라' 하는데 이게

관계의 언어

고쳐질 수는 있을까요? 그냥 다시 태어나는 게 빠를지도 모르겠어요."

"태형 씨에게 공감이 어려운 이유가 뭘까요?"

"저는 논리적이고 이성적인 사람이에요. 그래서 어떤 사건을 보면 객관적으로 분석하게 되고, 판단하는 것이 익숙해요. 그리고 제가 그들과 똑같은 상황을 겪지도 않았는데 함부로 상대방 마음을 아는 척하는 건 거짓말 아닌가요?"

"섣불리 다른 사람 감정을 아는 척하는 게 부담스럽군요."

"맞아요. 부담스러워요. 그런데 코치님은 어떻게 그렇게 제 마음을 잘 알아요?"

"하하! 제가 태형 씨 마음을 잘 안다고 느껴졌나요?"

"네, 아까부터요. 심리학을 전공하셔서 사람 마음을 잘 알아차리시는 건가요? 부러워요!"

"으하하하, 부럽다고요? 태형 씨도 쉽게 할 수 있어요."

"로봇에서 사람이 되려면 다시 안 태어나도 되는 건가요?"

나는 평소 얼마나 타인에게 공감할까?

나는 타인의 기분을 빨리 알아차린다. ☐

나는 타인의 기분에 따라 내 말과 행동을 다르게 할 수 있다. ☐

나는 평소 감정 표현이 풍부하다. ☐

나는 스스로 감성적이라고 생각한다. ☐

나는 타인의 기분이나 정서에 쉽게 영향을 받는다. ☐

나에게 주변 친구들이 속마음을 쉽게 털어놓는다. ☐

나는 상대가 잘 표현하지 못하는 마음을 쉽게 말로 표현해줄 수 있다. ☐

사람들이 나에게 눈치가 빠르다고 한다. ☐

나는 내 행동과 말에 반응할 타인의 감정을 미리 예측할 수 있다. ☐

나는 이성적인 대화보다 감정을 나누는 자리가 더 편하다. ☐

✔ 1~3개: 인색한 공감러

당신은 타인의 감정에 공감하는 데 매우 서투른 편입니다. 감정을 표현하는 다양한 용어를 익히고 표현하는 연습을 해보세요.

✔ 4~6개: 간헐적 공감러

당신은 타인의 감정을 가끔씩 알아차리긴 하지만, 때로는 무심하다는 말도 듣곤 합니다. 더 자주 알아차려주고 언급해주세요.

✔ 7~10개: 넘사벽 공감러

당신은 타인의 감정에 매우 예민한 편입니다. 하지만 타인의 감정을 내가 모두 다 알고 느낀다고 착각하는 자만심은 금물입니다.

관계 코칭 원 포인트 레슨

내가 상대와 똑같은 경험이 없거나 감정을 그대로 느끼지 못하더라도 혹은 표현력이 부족해도 내가 상대에게 공감하고 있음을 전할 수 있어요. 다음은 담백한 표현들을 통해 공감의 마음을 전하는 방법들입니다.

1. 짧고 단순하게 표현하자

  공감은 거창하고 길어질수록 그 힘을 잃게 됩니다. 짧고 간결하게 공감을 표현해보세요. "오늘 아침부터 버스 놓쳐서 지각하고, 보고서 쓰느라 점심도 못 먹고, 야근까지…… 엉망징창인 하루였어. 아오, 짜증 나!"라는 친구의 말에 여러분은 딱 한마디만 하면 됩니다. "너, 진짜 짜증 났겠다!" 이 한마디면 충분히 상대가 자신의 마음을 그대로 알아준다고 느껴 위로를 받습니다. 짧지만 강력한 공감의 언어들을 기억해서 아끼지 말고 바로바로 사용하세요.

- **상대가 상기되어 기쁘고 즐거운 이야기를 할 때**

  ⇒ "신났겠다", "재밌었겠다", "정말 좋았겠다!", "와우, 대박!", "뿌듯하겠구나!"

- **상대가 무겁고 지친 표정으로, 괴로운 이야기를 할 때**

  ⇒ "힘들겠다", "고생했겠다", "고단했겠다", "놀랐겠네", "속상하구나"

관계의 (언어)

2. 공감 능력을 키워주는 3단계 비법

① 잘 듣기

중·고등학생 때 영어 듣기 평가, 다들 해보셨지요? 그때 핸드폰도 끄고, 방해되는 것은 다 치우고 하나라도 더 들으려고 엄청 귀 기울여 집중하지 않았던가요? 그렇게 상대를 향해 귀를 활짝 열어주세요. 경청은 공감 능력을 키우는 첫 단추입니다.

② 문제가 아닌 사람에 집중하기

상대가 말하는 문제를 해결해주려거나 옳고 그름의 판단을 하려고 들지 마세요. 상대는 이미 답을 갖고 있을 경우가 많고, 설사 내가 답을 준다고 해도 결국에는 자기 마음대로 할 거예요. 상대는 지금 내가 잘한 것인지, 잘못한 것인지 판단을 받고 싶은 것이 아닙니다. 지금 내 앞에서 말하고 있는 사람의 기분과 마음에 집중해보세요.

③ 상대의 입장에서 생각하기

'내가 지금 그 상황이면 어떤 마음이 들까?' 상대의 입장에서 무슨 이야기를 듣고 싶을지 생각해보면 공감을 하기가 훨씬 더 쉬워질 거예요.

3. 온몸으로 느끼고 표현하자

항암 치료로 삭발한 여자 친구를 위해 자신도 삭발을 하고 나타난 남자 친구의 사연을 본 적이 있습니다. 남자 친구의 모습을 보자마자 여자 친구는 감격해 눈물을 흘렸지요. 그 남자 친구는 백 마디 말보다 더 강력한 행동으로 고통받고 있던 연인의 마음을 다독이고 아픔을 함께 나눈 것입니다.

이렇게 위대한 사연이 아니더라도 내가 울고 있을 때 가족이나 친구가 함께 눈물을 흘려준다면, 그것만으로도 충분히 공감을 받았다고 느껴지지 않던가요? 공감은 말로만 하는 것이 아닙니다. 몇 마디 말로 공감을 표현하기에 역부족일 때는 손 잡아주기, 꼭 안아주기, 머리 쓰다듬어주기, 눈 마주치기, 공감한다는 표정 짓기 등의 스킨십으로 온기를 전해주세요. 특히 마스크 착용과 상호 거리두기가 필수인 요즘은 눈 맞춤이 더 중요해졌습니다. 감정을 담아 상대방과 충분히 눈을 마주치세요!

4. 공감 파괴 문장은 잊어버리자

① 에이, 나는 더했어!

상대와 비슷한 경험을 했었다면 상대의 이야기에 더 적극적이고 깊게 공감하기 쉽습니다. 그런데 여기에 함정이 하나 있습니다. 상대가 느끼는 감정을 알아주고 상대가 겪는 어려움이 그리 큰일이 아니라고 안심시키려는 마음에 자신이 겪었던 비슷한 경험을 나누면서 '나는 그보다 더했어'라는 메시지를 전달하는 경우입니다. 단순히 "나도 그랬었잖어!" 하고 끝내면 다행이지만, 거기서 멈추지 않고 구구절절 나의 사연을 쏟아내면, 갑자기 화제의 중심이 상대에서 '나'로 바뀌게 됩니다. 그러면 상대는 충분히 공감받지도 못한 상황에서 오히려 내 얘기에 공감을 보여야 하는 전개가 당황스러울 수 있습니다.

② 에이, 걱정 마! 차라리 잘된 거야!

친구가 이별 후 슬픈 마음을 토로하는데 "야! 조상신이 도왔다고 생각해! 세상의 반이 남자야. 오히려 잘됐어!" 하며 별일 아닌 양 대수롭지 않게 말하는 것도 유의해야 합니다. 물론 그 말도 사실이고, 친구를 위해 냉정하고 현실적인 조언이 필요합니다. 다만, 그전에 반드시 선행되어야 할 것이 있습니다.

실연의 슬픔으로 괴로운 친구의 마음을 읽어주는 것입니다. "얼마나 괴롭니. 네가 많이 힘들 거 같아 걱정이야. 그래도 시간이 조금 지나면 이 순간이 다행일 수도 있어."

③ 내 생각에는 네가 잘못한 거 같은데? 너는 왜 그런 거야?

여자 친구가 회사 동료에게 서운한 점을 남자 친구에게 하소연합니다. 남자 친구는 이내 이야기를 듣더니 입을 엽니다. "자기가 잘못한 것 같은데?" 연인 사이에서 흔히 겪은 상황이지요? 이다음 여자 친구의 대사는 보통 이럴 겁니다. "넌 누구 편이야?" 물론 여자 친구가 잘못을 한 상황일지도 모르지요. 그 상황까지 옹호하며 여자 친구 편에 서라는 것은 아닙니다. 단지 그 순간에 여자 친구의 감정을 알아주는 것이 선행되고, 그다음에 조언이든 의견을 주는 것이 순서입니다. 비단 연인 사이에서만이 아니라 모든 공감의 메시지는 '선 공감, 후 조언'이 원칙입니다.

④ 맞아, 네 남친/여친/가족 진짜 이상하다!

나의 애인이나 가족 때문에 서운한 감정이 들어 다른 사람에게 하소연하며 욕했더라도, 상대가 나의 애인이나 가족을 함께 욕하면 기분 나쁜 경험, 다들 해보셨지요? 상대가 아무리 자신의 지인에 대해 하소연한다고 해서 상대의 지인들에 대해 느끼는 나의 감정이나 판단을 함부로 드러내지 마세요. 당사자보다 내가 더 화를 내거나, 선을 넘는 공감을 하지 않기 위해서는 "어휴, 그래. 그 사람이 너무했다", "너 진짜 속상했겠다" 정도로 반응해도 충분합니다.

전화 받는 것이
너무 무서워요

우리 팀 경력 사원 슬기 씨 이야기다. 슬기 씨는 20대 후반으로 출판·교육업계에서 일하다 이직했다. 그녀는 말이 많지는 않았지만, 점심시간에 팀원들과 유쾌한 농담도 주고받으며 대화를 잘해 팀에 빨리 적응해가고 있었다. 그런데 슬기 씨에게서 특이한 점이 발견됐다. 근무 시간 중 흡연자도 아닌데 자주 자리를 비워 사라졌다 다시 들어오기를 반복하는 것이 아닌가? 점점 자리를 비우는 횟수도 많아지고, 시간이 길어져 나는 얼마간 지켜보다가 그녀와 면담을 했다.

"슬기 씨, 근무 중에 자주 자리를 비우는데, 혹시 불편한 것 있나요?"

관계의 언어

나의 물음에 슬기 씨는 몹시 난처한 듯한 표정으로 말을 잇지 못했다.

"아, 그게……"

"괜찮아요. 편히 말해줘요. 혹시 어디 아프거나 문제가 있는 건 아닌지?"

"사실 제가요. 전화 공포증이 있어서요."

"전화 공포증이요?, 콜 포비아call phobia요?"

전혀 예상치 못한 그녀의 답에 나는 살짝 당황하면서도 콜 포비아와 자리 비움이 무슨 상관인 건지 선뜻 이해가 되지 않았다.

"제가 사실 자리를 비우는 것은 밖에 나가서 고객사랑 통화하고 오느라 그랬어요. 죄송해요"

"아…… 밖에 나가서 업무 통화를요?"

"네네, 전화로 소통하는 것이 저한테는 너무 익숙하지 않아서 실수할까 봐서요. 아무도 없는 곳에서 해야 그나마 마음이 놓여서 사무실 밖에서 통화했어요."

"어휴, 밖에 통화할 곳도 마땅치 않잖아요! 그동안 많이 불편했겠네요."

"주로 화장실이나 계단에서 통화하고 와요."

"진작 말하지 그랬어요. 고객사 전화가 시도 때도 없이 오는

데 엄청 신경 쓰였겠네요."

"네, 동료들 있는 데서 전화 받으면 제가 실수하는 걸 들킬까 봐 염려도 되고, 더 불안해서 아무도 없는 곳이 차라리 편해요. 그런데 요즘 전화가 너무 많이 와서 사실 버거워요."

"나는 전혀 생각 못했어요. 슬기 씨가 콜 포비아로 그렇게 스트레스 받을지. 원래 전화로 소통하는 것이 힘들었나요?"

"네, 저는 통화보다 문자나 이메일로 소통하는 것이 훨씬 부담 없어요. 평상시에 전화를 거의 하지 않아도 요즘은 소통이 원활히 되잖아요. 그런데 제가 이 정도로 전화하는 것에 공포가 있는 줄은 사실 몰랐어요. 그동안 통화를 이렇게 많이 한 적이 없어서요."

그녀의 얘기를 듣고 보니 사무실 내에서 개미 소리로 속삭이며 통화하던 모습들이 떠올랐다.

"사실 처음에 슬기 씨가 고객사 응대할 때 목소리도 살짝 떨리고 너무 작게 얘기하는 걸 들었는데, 아직 일이 익숙하지 않고 낯설어서 그렇다고 생각했어요. 통화하면서 가장 어려운 것이 뭐예요?"

"가뜩이나 통화 자체가 너무 부담인데, 제가 일을 아직 배우는 중이잖아요. 저한테 상대가 모르는 것이라도 묻거나 조금 더 자세히 말해달라고 하면, 진짜 손에서 땀이 나고 머리가

관계의 언어

새하얘지더라고요. 생각을 정리하지 못하고 즉각 답해야 할 때가 제일 힘들어요."

"아직 일에 자신감도 없는데 낯선 사람이 뭔가 계속 확인하고 요청하면 진짜 힘들죠. 어휴, 맘고생이 많았겠다."

"네…… 이메일이나 문자는 수정할 수도 있고, 검토도 받고 준비할 시간이 주어지는데 전화는 바로바로 응대해야 하고…… 특히 제가 머뭇거릴 때 생기는 정적이 너무 두려워요. 또 나름 경력직인데 전화도 제대로 못 받는다고 할까 봐 더 부담스러웠어요."

그녀는 많이 긴장하고 힘들었는지 눈가에 눈물이 그렁그렁했다.

"업무 외 통화들은 어떤가요?"

"비슷해요. '굳이 꼭 목소리를 들어야 되나?' 하고 생각하거든요. 전에 사귄 남자 친구들은 제가 전화도 잘 안 하고, 전화하면 안 받고 문자로만 얘기하려고 하니 많이 서운해하더라고요. 썸 타거나 연애 초반일 때는 밤새 통화도 하고, 하루에도 몇 번씩 통화를 나누잖아요. 저는 상대가 그런 식이면 연애를 아예 안 하고 말거든요. 대신 문자는 정말 칼같이 답하고, 길게 잘 얘기해요!"

약간 긴장이 풀렸는지 그녀는 살짝 미소 지으며 말했다.

"하하, 슬기 씨는 그럼 치킨 시킬 때도 배달 앱만 쓰겠네요!"

"맞아요! 목소리 말고 손가락으로 해결할 수 있어서 정말 좋아요. 저한테는 진짜 배달 앱들이 천국이죠. 어색하게 통화할 필요가 없으니까요. 그래도 어떻게든 저도 콜 포비아 벗어나고 싶어요. 직장생활뿐만 아니라 일상에서도 그럴 필요가 있는 것 같아요."

셀프 체크

나는 평소 전화 통화를 얼마나 자연스럽게 하는가?

나는 통화하기 전 할 말에 대한 준비가 반드시 필요하다. ☐

다른 사람이 나의 통화 내용을 들을까 봐 걱정된다. ☐

나는 시간이 오래 걸리더라도 문자나 이메일 소통이 전화보다 훨씬 편하다. ☐

전화가 울리면 긴장된다. ☐

배달 주문 등 일회성 전화도 피하고 싶다. ☐

업무 전화도 일부러 사무실 밖에 나가서 통화한다. ☐

통화 시 상대방이 묻는 말에 답하지 못할까 봐 두렵다. ☐

통화 시 긴장하여 상대방의 말을 잘 이해하지 못하는 경우가 많다. ☐

통화 시 목소리가 작아지거나 떨린다. ☐

모르는 전화번호는 절대 받지 않는다. ☐

✔ 1~3개: 멀티 플레이어

당신은 어떤 매체로든 소통하는 것에 어려움을 느끼지 않는 편입니다. 앞으로도 필요에 따라 전화, 문자 등을 활용하여 유연하게 소통을 이어가세요.

✔ 4~6개: 선택적 콜 포비아

당신은 전화로 소통하는 것에 약간의 어려움을 느끼는 편입니다. 업무 통화를 늘려가면서 자신감을 키워보세요.

✔ 7~10개: 리얼 콜 포비아

당신은 전화로 소통하는 것을 매우 두려워하는 편입니다. 지인들과 통화 시간, 횟수를 늘려가면서 전화 통화에 대한 불안감을 줄여나가세요.

관계 코칭 원 포인트 레슨

막연히 두렵고 긴장되는 통화도 익숙해지면 편안하게 잘할 수 있습니다. 내 안의 불안을 줄이고, 목적을 달성하는 깔끔한 통화 방법을 지금부터 익혀볼까요?

1. 통화에 올인하자

대면 대화는 상호 간 표정, 몸짓, 거리 등 비언어적 메시지를 공유하고 교감하며 이루어집니다. 스트레스를 주제로 연구를 펼친, 미국 존스홉킨스대학교의 앨리슨 파파다키스Alison Papadakis는 전화상으로는 목소리만으로 소통이 이루어져 많은 사람들이 더 예민해진다고 밝혀냈습니다. 목소리 외의 단서가 없기 때문에 우리는 통화 시 상대가 내 말을 듣고 있는지, 잘 이해하고 있는지 추측할 수밖에 없기 때문입니다.

그래서 수화기 너머의 상대가 침묵한다면 뭔가 많이 잘못되었다는 신호로 받아들이거나 내가 상대를 귀찮게 하고 있는 것은 아닌지 등의 부정적인 생각에 사로잡히기도 하지요. 즉, 통화하는 내내 자기 검열을 강화하고, 상대를 대화 상대자가 아닌 평가자로 여겨 자신감도 집중력도 잃어버립니다. 다음은 나와 상대 모두를 위해 한정된 시간 안에 통화 집중력을 향상시키는 방법들입니다.

[통화 전]

- 사전에 상대에게 통화의 목적과 함께 통화 가능한 시간을 문자나 메일로 협의한다.
- 상대가 전화를 받으면 "지금 통화 가능하세요?"라고 묻고 본론을 시작한다.

[통화 중]

- 상대가 전화를 받았으나 통화가 어려운 상황임이 감지되면, "지금 통화가 불편하시면, 편하신 시간에 다시 연락드릴까요?"라고 묻는다.
- 수화기 너머 상대의 침묵이 길어진다면, "혹시 더 설명이 필요하시거나 궁금하신 것은 없으신가요?"라고 주의를 환기시킨다.

[통화 후]

- 통화 중 나눈, 기억해야 할 중요한 정보나 협의 사항은 통화를 마친 뒤 문자나 메일로 상호 공유한다.

2. 나만의 스크립트를 만들자

통화 중 할 말을 잊거나 잘못된 정보를 제공할 수도 있다는 두려움이 전화에 대한 공포증을 불러오는데요. 간단히 안부를 묻는 통화 외에 업무상 나누는 통화는 분명한 용건이 있습니다. 그 목적을 중심으로 내가 하고자 하는 말들에 대해 스크립트를 미리 만들어보세요. 자유롭게 대화를 주고받는 것이 부담스럽다면, 차라리 형식적이고 체계적인 통화로 시작하는 것이 훨씬 편하게 느껴질 겁니다. 나만의 대본을 미리 준비하면 통화 상황을 리허설 할 수도 있고, 중간에 길을 잃지 않게 도와줍니다. 어떻게 매번 통화할 때마다 스크립트를 짜냐고요? 걱정하지 마세요. 처음에는 자세하게 적다가 몇 번 익숙해지면 중요한 단어 위주로만 스크립트를 적어도 되고, 나만의 프로세스에 따른 스크립트가 있으면 불시의 전화에도 자신감이 생기니까요.

① 나의 이름, 소속, 직급 소개하기

- "안녕하세요? 저는 A사 인사팀 ○○○ 대리입니다."

② 상대방의 통화 가능 여부 확인하기

- "지금 잠시 통화 가능하실까요?"
- "지금 불가능하시면, 언제 전화드릴까요?"

③ 전화 용건 말하기

- "오늘 제가 전화드린 이유는 ○○에 대한 검토를 요청드리기 위해서입니다."

④ 세부 사항 확인 및 조율하기

• 기간, 수정 사항, 의견 등 세부 사항에 대해 이야기를 나눈다.

⑤ 통화 이후 진행될 사항에 대해 재확인하기

• "그럼 제가 말씀 나눈 것처럼, 금주까지 의견 보내드리고, 자세한 내용은 메일 드리겠습니다."

⑥ 마무리하기

• "도움 주셔서 감사합니다."

3. 모르는 내용은 즉각 대응하지 말자

콜 포비아를 겪는 사람들은 통화 시 상대의 질문에 즉각적으로 답해야하는 압박감이 가장 힘들다고 호소합니다. 이때 그 압박감으로 인해 내가 모르는 것에 질문을 받고 '아무 말 대잔치'를 하며 횡설수설하거나 잘못된 정보를 줘서 뒷수습이 더 어려워지기도 하는데요. 이럴 때는 '타임!'을 외치세요. 절대 한 번에 모든 용건을 다 처리하려고 애쓰지 마세요. 전화는 끊고 나서 언제든 다시 할 수 있다는 사실을 기억하세요. 통화 중 난감한 사항과 요청에 '타임!'을 외치는 말들로는 다음과 같

관계의 언어

은 것들이 있습니다.

- "말씀하신 것은 제가 한 번 더 확인 후 다시 연락드리겠습니다."
- "내부 협의 후, 다시 연락드리겠습니다."
- "제가 당장 정확한 말씀을 드릴 수 없을 것 같아 고민 후, 다시 연락드릴게요."

우리는 모든 질문에 대한 답을 모두 알거나, 즉시 해야 할 필요가 없습니다. 특히 업무 통화라면 상사와 논의가 필요하기도 하고, 미리 보고해야 하는 상황이 당연히 있을 수밖에 없지요. 또한 내 업무 통화 내용을 상사나 동료들이 들어야 도움을 주고, 실수를 줄일 수 있기 때문에 업무 전화는 사무실에서 받아야 합니다. 상대가 우리에게 요구하는 것 또한 그들의 문제를 함께 해결하기 위해서 그런 것이지, 우리의 능력을 평가하기 위함은 아니라는 점을 잊지 마세요. 당장 답을 내놓지 않는다고 당신을 무능하다고 판단할 사람은 없습니다.

4. 단계별로 노출하자

다양한 공포증의 심리 치료 방법 중 '노출 치료법'이 있습니다. 불편하고 불안한 상황에 점진적으로 나를 노출시킴으로써 스스로 괜찮다는 것을 확인하여 공포증을 치료하는 원리입니다. 전화에 대한 공포증 역시 서서히 통화하는 상황에 나를 노출시킴으로써 막연한 불안함과 불편함을 서서히 해소할 수 있어요. 자, 다음의 순서대로 통화에 익숙해지는 연습을 한번 해보시겠어요? 뒤로 갈수록 고난이도입니다.

[1단계] 친한 친구, 가족 등 지인에게 전화하기
긴장할 필요가 없는 대상과 전화로 이야기를 나눠봅니다.

[2단계] 통화로 배달 주문 시도하기
배달 앱을 이용하는 대신 메뉴, 주소 등을 명확하게 알려줘야 하는 전화 통화로 주문을 해봅니다.

[3단계] 지인들과 통화 시간을 늘려가기
앞의 1, 2단계가 익숙해지면, 통화 시간을 조금 더 늘려봅니다.

관계의 언어

[4단계] 통화 녹음하여 다시 들어보기

나의 통화 내용을 들어보면서 내가 통화를 할 때 어떤 습관
이 있는지 확인해봅니다.

좋은 인간관계는
'나'와 잘 지내는 것에서부터 시작합니다

"당신과 제일 친한 사람의 이름은 무엇인가요?"

저는 인간관계를 더 잘 이어나가고 싶어 상담을 요청하는 분들에게 늘 이 질문을 가장 먼저 던집니다. 그때마다 사람들의 반응은 대체로 비슷합니다. 이를테면 '그 사람'의 이름을 자신 있게 외치고는 안도감을 느끼거나 대답을 하지 못할까 봐 조급해하며 애인, 친구, 가족들의 이름을 빠르게 훑듯이 내뱉는 모습을 많이 보곤 합니다. 또는 아무리 생각해도 '그 사람'이 떠오르지 않아 민망한 듯 웃거나, 한때는 친했지만 멀어진 관계를 떠올리고는 쓸쓸함을 토로하는 사람들도 있었지요.

그런 모습을 마주할 때마다 인간관계 코치로 오랫동안 활동한 사람으로서 참 아쉽고, 안타까웠습니다. 상담 요청자들이 자신과 가장 친한 사람의 이름을 선뜻 말하지 못해서가 아닙니다. 누구도 제가 듣고 싶었던 이름을 말해주지 않았기 때문입니다. 혹시 '답정너'냐고 의아해하실지도 모르지만, 이 질문만큼은 답이 정해져 있습니다.

바로, 나와 제일 친한 사람은 '나'여야 합니다. 나의 외로움이나 심심함 때문에 맺었던 관계들은 그 인연이 쉽게 끝났던 경험, 다들 해보셨지요? 내가 나와 잘 지낼 때 비로소 우리는 타인과의 관계도 건강하게 지속할 수 있는 힘을 갖게 됩니다. 영국의 심리학자 로버트 홀든Robert Holden은 저서 《행복을 내일로 미루는 바보》에서 '자신과의 관계는 다른 모든 관계의 분위기를 결정한다'고 이야기했습니다. 다른 사람과 더 나은 관계를 만들고 싶다면, 우선 나 자신과 가장 좋은 친구가 되어야 하는 이유입니다. 내 단짝이 누구든지 간에 그들에게는 그들만의 삶과 과제들이 있어 매 순간 나와 함께 할 수 없습니다. 나 역시 그들 곁에 항상 있지 못하는 것처럼요.

몇 년 사이에 우리는 코로나19 사태로 인해 내 의지와는 무관하게 타인과 단절될 수밖에 없는 일상을 겪었습니다. 예전만큼 외출이 자유롭지 못하고 집 안에 있는 시간이 길어지는 상황은 답답함을 느끼게 하는 한편, 새로운 성찰의 기회를 가져다주었습니다. 타인과 연결되는 시간이 줄어든 만큼 나와 접속하는 시간이 길어졌기 때문입니다. 그 결과, 우리는 어떤 상황에서도 나를 떠날 수 없는 유일한 사람이 오직 '나'뿐임을 온몸으로 깨달을 수 있게 되었지요. 또한 회식, 경조사 모임 등을 비롯해 사적인 약속을 잡는 것이 여러모로 제한되자 인간관계에서 비롯되는 문제들로부터 묘한 해방감마저 느낄 수 있었습니다. 타인에게 쏟았던 시간과 에너지, 감정을 아낄 수 있게 되었으니까요. 하지만 코로나19 사태의 장기화로 혼자만의 시간이 예상 밖으로 길어지자 관계의 거리두기에서 오는 홀가분함에서 벗어나 점점 인간관계 단절에 대한 불안감을 호소하는 사람들이 많아졌습니다. 왜 그런 것일까요?

저는 우리가 정작 나 자신과는 친해지는 방법을 모르기 때문이라고 생각합니다. 좀 더 정확히 말하자면, 우리는 타인의 기분, 생각, 욕구를 알아차리려고 노력하는 것에는 너무도 익숙하지만, 의외로 지금 내 기분이 어떤지, 내가 무엇을 좋아하는지, 어떤 내면의 욕구를 갖고 있는지 등은 잘 알지 못합니다.

그래서 혼자만의 시간에 무엇을 해야 할지 모르고 헤매곤 하지요. 또 내 안의 진짜 나와 마주하는 과정이 낯설거나 때로는 두려워서 진짜 내 감정을 느끼는 것을 회피하기도 합니다. 그러나 자신과 잘 지내기 위해서는 이런 장애물들을 딛고 스스로에 대한 '애정'을 키워야 합니다.

우선 과도한 자기 비난을 멈춰보세요. 우리는 타인에게는 의식적으로라도 다정하려고 애쓰지만, 정작 자기 자신에게는 다른 사람들이 자신을 대하는 것보다도 훨씬 더 가혹하고, 냉정하게 평가하며 비난과 비하를 습관적으로 하곤 합니다. '내가 그렇지, 뭐', '역시 난 이 정도에 불과해'라면서요. 텍사스대학교 교수인 크리스틴 네프Kristin Neff는 자신의 실수나 실패를 깊이 이해하고 연민함으로써 스스로에게 친절한 마음을 갖게 된다고 이야기했습니다. 그녀는 과도한 자기 비난을 멈추는 데 도움이 되는 방법으로 친구에게 편지를 쓰듯 자기에게 편지 쓰기를 제안했습니다. 내 실수에 대해 절친은 나에게 뭐라고 말할지 생각하며 자신에게 편지를 쓰면, 비난보다는 위로와 공감의 메시지를 전할 수 있기 때문입니다. 또한 스스로가 못마땅하게 느껴질 때는 내 마음속에 담긴 비난의 말들을 솔직하게 적은 후, 친구가 나와 같은 상황일 때 똑같이 그 말을 할 수 있는지 점검함으로써 자기비판을 덜어낼 수 있다고도 했습니다. 핵심은, 나 자신에게 조금 더 포용적인 시선을 갖는 것이지요. 다른 사람이 나를 위로해주고, 인정해주기만을 마냥 기다리지 말고요.

또한 나 자신과 친해지기 위해서는 나의 약점보다 강점에 집중해야 합니다. 끊임없이 남들과 비교하며 내가 갖고 있지 않은 것에 초점을 맞추지 말고, 내가 잘하는 것을 나만의 차별화된 강점으로 만드는 노력이 필요합니다. 가령, 평소 신중하고 조용한 성격의 소유자들은 새로운 관계를 맺을 때 사교적인 사람처럼 보이기 위해 애쓰는 경우가 많습니다. 이때 무슨 말을 해야 할지, 어떻게 재미있게 말해야 할지 고민하며 긴장하는 대신, 평소 자신의 강점을 살려 상대의 이야기를 충분히 잘 들어주고, 상대가 보지 못하는 것을 살필 수 있도록 도와준다면 더 쉽게 타인의 신뢰를 얻을 수 있습니다. 그렇다면 나의 강점을 어떻게 알 수 있을까요? 그 방법은 그리 어렵지 않습니다.

나의 성공 경험들을 쭉 적어보세요. 거창하고 화려한 경력을 떠올리라는 것이 아닙니다. 우리의 삶에는 작지만 아주 중요한 성취들이 존재합니다. 약속 시간에 절대 지각하지 않아 신뢰받은 경험, 친구들이 고민이 생기면 가장 먼저 나를 찾을 만큼 타인의 마음을 잘 공감하고 위로해줬던 경험, 팀의 분위기 메이커로서 팀원들이 즐겁게 일하는 분위기를 만들어 팀워크에 기여했던 경험 같은 것들처럼요. 일상에서 가족, 친구, 동료들이 나에게 건넸던 칭찬과 인정의 말에도 내 강점의 단서들이 있으니 꼭 떠올려보기를 바랍니다. 직접 그들에게 내 강점이 무엇인지 물어보는 것도 좋습니다. 뿐만 아니라 최근 유행한 MBTI나, 강점 진단 등 내 성격이나 성향 등을 알 수 있는 자기 진단의 도구들을 활용하는 것도 내가 잘하는 것이 무엇인지 발견하고, 있는 그대로의 나를 이해하는 데 도움이 되니 시도해보기를 바랍니다.

그렇다면 우리가 끊임없이 주변 사람들과의 관계에 대해 고민하는 이유는 무엇일까요? 그것은 바로, 지금보다 더 나은 관계를 맺어 그들에게 '좋은 사람'으로 인정받고 싶기 때문입니다. 그 마음에는 행복해지고 싶은 내 안의 욕구도 숨어 있지요. 그런데 우리는 이 행복을 너무 쉽게 타인에게 맡겨놓으려 합니다. 나의 결핍을 채우기 위해 상대에게 부담을 주기도 하고요. 때로는 상대로부터 인정받기 위해 양보와 타협을 반복함으로써 나를 억지로 변화시키려고도 애쓰기도 합니다. 하지만 타인과의 관계에 의존하고 얽매일수록 '누구도 나의 행복을 대신해줄 수 없다'는 이 평범한 진리를 깨달았던 경험들을 저마다 갖고 있을 겁니다.

내가 나를 진정 아끼고 이해할 때, 우리는 타인과의 관계에서 자신감과 안정감을 갖게 됩니다. 내 안의 욕구를 제대로 아는 것을 바탕으로 타인과 더 효과적으로 의사소통하고, 건강한 관계 유지를 위해 어느 정도의 경계가 서로 필요한지, 어디까지는 배려할 수 있고, 어느 선까지 타협할 수 있는지를 안다면, 상대에게도 나로 인한 불필요한 긴장과 부담감을 주지 않게 됩니다. 또한, 내가 나를 온전히 이해하고 존중하는 만큼 타인에 대한 포용심과 애정이 생겨 관계가 더 충만해집니다. 즉, 내가 나를 귀하게 대할 때 다른 사람도 나를 똑같이 귀하게 대하게 되고, 내가 나를 사랑하는 만큼 타인도 더 깊이 사랑하고 이해하게 됩니다.

따라서 우리는 끊임없이 자기 자신과 긴밀히 대화하고 내 안의 욕구들을 이해해주면서 나와 친밀하게 지내야 합니다. 물론 이 과정에서도 우리는 인간관계의 여러 어려움에 직면하여 고군분투할 수 있습니다. 하지만 그 여정의 가장 든든한 지원군이 나 자신임을 기억한다면, 인간관계에서 오는 어려움을 슬기롭게 이겨내고 점차 성숙해지는 자신을 발견하게 될 것입니다.

지금 누군가가 '당신의 가장 친한 친구가 누구인가요?'라고 묻는다면, 당신이 부디 자신 있게 '나'라고 답할 수 있기를 응원합니다.

그럼에도, 당신과 잘 지내고 싶어요

1판 1쇄 발행 2022년 3월 10일
1판 2쇄 발행 2024년 10월 1일

지은이 윤서진
펴낸곳 ㈜문예출판사 | **펴낸이** 전준배

출판등록 2004. 02. 11. 제 2013-000357호 (1966. 12. 2. 제 1-134호)
주소 04001 서울시 마포구 월드컵북로 21
전화 393-5681 | **팩스** 393-5685
홈페이지 www.moonye.com | **블로그** blog.naver.com/imoonye
페이스북 www.facebook.com/moonyepublishing | **이메일** info@moonye.com

ISBN 978-89-310-2263-6 (03190)

♣문예출판사 상표등록 제 40-0833187호, 제 41-0200044호